GW01403101

Nuria He
Mar Ozo
Manuela Rotstein

UNIVERSITY COLLEGE CHESTER
LANGUAGES DEPARTMENT

Acuerdos

Actividades interactivas
de producción oral
orientadas al mundo
del trabajo

NIVEL BÁSICO E INTERMEDIO

Autoras:
Nuria Hervás
Mar Ozores
Manuela Rotstein

Coordinación editorial y redacción:
Roberto Castón y Eduard Sancho

Revisión pedagógica:
Jaime Corpas

Corrección:
Pablo Garrido

Diseño y maquetación:
Lula Alegre

Diseño de portada:
Estudio Ivan Margot

Ilustraciones:
Piet Lüthi y Helena Gil

Fotografías:
PhotoDisc (actividad 14), Difusión (actividades 20, 22, 26, 30, 35, 37, 39, 46, 47, 48, 51, 53 y 57), Eva Llorens (actividades 14 y 30), Sara Polo (actividades 18 y 30), Nuria Sánchez (actividad 35), Nuria París (actividades 18, 35 y 39), Lula Alegre (actividad 18), Mª Soledad Gómez (actividad 18)

2002   2003   2004   2005   2006   /   5   4   3   2   1

© Las autoras y Difusión, S.L. Barcelona 2002
ISBN: 84-8443-088-X
Depósito legal: B-32328-2002

Impreso en España por TESYS, S.A.

DIFUSIÓN

Centro de Investigación y Publicaciones de Idiomas, S.L.
C/ Trafalgar, 10 entlo. 1ª 08010 Barcelona
Tel. 93 268 03 00
Fax 93 310 33 40
editorial@difusion.com
www.difusion.com

ACUERDOS es un material complementario ideal para aquellos profesores que imparten cursos orientados al mundo de los negocios. El libro consta de 60 actividades fotocopiables para realizar en parejas. El contenido avanza gradualmente siguiendo la progresión del curso SOCIOS. Las 30 primeras actividades se corresponden con SOCIOS 1, que cubre un nivel inicial, y las 30 siguientes se corresponden con SOCIOS 2, que abarca un nivel intermedio. No obstante, las actividades que aquí se presentan también pueden usarse en una programación general ya que el mundo del trabajo se halla hoy integrado, en mayor o menor medida, en la vida cotidiana de la gente.

Las actividades que se proponen en **ACUERDOS** intentan ser representativas de procesos de comunicación de la vida real; no presentan un simple vacío de información, sino que el estudiante debe reflexionar, tomar decisiones, negociar, solucionar problemas e intercambiar información con su compañero, recreando así el uso real de la lengua. Las actividades potencian principalmente la competencia comunicativa, aunque favorecen también el desarrollo gramatical y léxico.

Las actividades se presentan en dos hojas fotocopiables, una para cada estudiante. En ellas se incluye también una ficha con los recursos léxicos y gramaticales necesarios para llevar a cabo la tarea. Asimismo, al final del libro se adjuntan unas breves notas que proporcionan al profesor una guía para la explotación de las actividades en el aula.

Actividad	1 MARCAS	2 NACIONALIDADES
Funciones	Deletrear y practicar sonidos.	Preguntar por el país de origen de una persona.
Socios 1	*Unidad 1*	*Unidad 1*
Actividad	3 TARJETA DE VISITA	4 MIS CONTACTOS
Funciones	Dar y pedir información personal.	Preguntar direcciones, teléfonos, correos electrónicos, etc. Deletrear. Pedir aclaraciones.
Socios 1	*Unidad 2*	*Unidad 2*
Actividad	5 FORMULARIOS	6 PERFIL DE UNA EMPRESA
Funciones	Pedir y dar información personal. Tratamiento de cortesía o tuteo.	Pedir y dar información acerca de una empresa.
Socios 1	*Unidad 2*	*Unidad 3*
Actividad	7 NUESTRA EMPRESA	8 PRESENTACIONES
Funciones	Presentar un plan de empresa. Decidir una inversión.	Presentar a otras personas y reaccionar a las presentaciones.
Socios 1	*Unidad 3*	*Unidad 4*
Actividad	9 ORGANIGRAMA	10 UBICACIONES
Funciones	Describir el organigrama de una empresa.	Preguntar por la ubicación de un departamento. Dar indicaciones básicas.
Socios 1	*Unidad 4*	*Unidad 5*

Actividad	⑪ GESTIONES	⑫ ALQUILERES
Funciones	Informarse de cómo hacer gestiones en una ciudad desconocida.	Hacer comparaciones. Valorar y explicar.
Socios 1	*Unidad 5*	*Unidad 6*
Actividad	⑬ LUGAR DE TRABAJO	⑭ TAREAS
Funciones	Opinar sobre el lugar de trabajo.	Describir el trabajo.
Socios 1	*Unidad 6*	*Unidad 7*
Actividad	⑮ COMPROMISOS LABORALES	⑯ MI TRABAJO
Funciones	Organizar la agenda de la semana teniendo en cuenta una serie de compromisos. Proponer alternativas.	Explicar en qué consiste el trabajo de cada uno.
Socios 1	*Unidad 7*	*Unidad 7*
Actividad	⑰ AL TELÉFONO	⑱ EL CANDIDATO IDEAL
Funciones	Establecer contacto telefónico y concertar una cita.	Expresar gustos y opinión. Hablar de preferencias.
Socios 1	*Unidad 7*	*Unidad 8*
Actividad	⑲ CONDICIONES LABORALES	⑳ INVITACIONES
Funciones	Expresar opinión. Hacer preguntas.	Invitar. Aceptar o rechazar una invitación
Socios 1	*Unidad 8*	*Unidad 8*

Actividad	21 PROYECTOS	22 PRODUCTOS Y CONSUMIDORES
Funciones	Expresar intenciones, planes, ideas. Hacer propuestas. Mostrar acuerdo y desacuerdo.	Describir y comparar productos. Hacer propuestas.
Socios 1	*Unidad 9*	*Unidad 9*
Actividad	23 GRÁFICAS	24 COMPROBACIONES
Funciones	Describir la evolución en la bolsa de dos empresas.	Comprobar si ya se han hecho o no algunas gestiones.
Socios 1	*Unidad 10*	*Unidad 10*
Actividad	25 FAVORES	26 CONTRATIEMPOS
Funciones	Pedir objetos y favores. Responder afirmativa y/o negativamente. Excusarse.	Expresar condiciones. Proponer soluciones a diferentes problemas.
Socios 1	*Unidad 11*	*Unidad 11*
Actividad	27 NOTICIAS	28 HISTORIA DE UNA EMPRESA
Funciones	Transmitir palabras de otros. Reaccionar ante noticias del periódico.	Dar información sobre la historia de una empresa.
Socios 1	*Unidad 11*	*Unidad 12*
Actividad	29 CURRÍCULUM VITAE	30 FORMACIÓN Y EXPERIENCIA
Funciones	Redactar y explicar el currículum vitae.	Hablar de hechos y experiencias pasadas. Preguntar acerca de la carrera profesional de una persona.
Socios 1	*Unidad 12*	*Unidad 12*

Actividad	31 RECURSOS HUMANOS	32 ESTRATEGIAS DE PERSONAL
Funciones	Hablar sobre las características de una persona. Hablar sobre relaciones personales.	Expresar y precisar una opinión.
Socios 2	*Unidad 1*	*Unidad 1*
Actividad	33 CONSEJOS	34 TURISMO
Funciones	Dar consejos y recomendaciones. Hablar sobre problemas laborales.	Expresar gustos y preferencias.
Socios 2	*Unidad 2*	*Unidad 2*
Actividad	35 DE VIAJE	36 INVENTOS
Funciones	Hablar de viajes pasados. Recomendar.	Describir acciones habituales en el pasado.
Socios 2	*Unidad 2*	*Unidad 3*
Actividad	37 NUEVOS MODELOS	38 EVOLUCIÓN DE UNA EMPRESA
Funciones	Comparar productos de antes y de ahora.	Hablar de la evolución de una empresa.
Socios 2	*Unidad 3*	*Unidad 3*
Actividad	39 DIFERENCIAS CULTURALES	40 SALUD Y ORDENADORES
Funciones	Hablar de diferencias culturales.	Hablar de la salud. Dar instrucciones.
Socios 2	*Unidad 4*	*Unidad 4*

Actividad	41 PLANES Y SUEÑOS	42 PREVISIONES
Funciones	Hablar de acontecimientos futuros.	Hacer pronósticos.
Socios 2	*Unidad 5*	*Unidad 5*
Actividad	43 ANÉCDOTAS	44 BOLETÍN DE NOTICIAS
Funciones	Contar historias o anécdotas. Valorar el pasado.	Escribir la página de un boletín de noticias de una empresa.
Socios 2	*Unidad 6*	*Unidad 6*
Actividad	45 ANUNCIOS DE TRABAJO	46 LA PÁGINA WEB
Funciones	Preparar una entrevista laboral.	Expresar deseos e intenciones. Disponer elementos en el espacio.
Socios 2	*Unidad 6*	*Unidad 7*
Actividad	47 CUESTIONARIOS	48 SUGERENCIAS
Funciones	Hablar del inicio de una actividad. Hablar del tiempo transcurrido hasta el presente.	Expresar preferencia y necesidad. Pedir y sugerir.
Socios 2	*Unidad 7*	*Unidad 7*
Actividad	49 EL BUEN EMPRESARIO	50 CARTAS COMERCIALES
Funciones	Expresar opiniones y conveniencia.	Escribir cartas para solicitar información y para hacer un pedido.
Socios 2	*Unidad 7*	*Unidad 8*

Actividad 51 NEGOCIACIONES	52 LA CAMPAÑA PUBLICITARIA
Funciones Negociar.	Expresar hipótesis sobre el pasado y el futuro.
Socios 2 *Unidad 8*	*Unidad 9*
Actividad 53 ANUNCIOS	54 ENTREVISTA
Funciones Opinar. Mostrar acuerdo, desacuerdo y duda ante opiniones ajenas.	Transmitir palabras de otros.
Socios 2 *Unidad 9*	*Unidad 10*
Actividad 55 LOS SEGUROS	56 PRESENTACIONES
Funciones Definir palabras. Deducir el significado de una palabra por su contexto.	Hacer una presentación.
Socios 2 *Unidad 10*	*Unidad 11*
Actividad 57 REQUISITOS	58 FIESTAS Y CELEBRACIONES
Funciones Describir algo que existe y algo hipotético.	Felicitar, brindar, agradecer, disculparse y expresar tristeza.
Socios 2 *Unidad 11*	*Unidad 12*
Actividad 59 REACCIONES	60 HIPÓTESIS
Funciones Expresar sentimientos.	Hablar de una situación hipotética.
Socios 2 *Unidad 12*	*Unidad 12*

MARCAS

¿Cómo se escribe ...?	¿Cómo se pronuncia?
¿Puedes repetir?	Más despacio, por favor.

A. Haz una lista de ocho marcas o productos internacionales. ¿Cómo se pronuncian en español? Díselas a tu compañero. Si no sabe cómo se escriben, deletréaselas.

MIS MARCAS
_____
_____
_____
_____
_____
_____
_____
_____

B. Ahora, escribe las marcas que te dice tu compañero.

SUS MARCAS
_____
_____
_____
_____
_____
_____
_____
_____

Acuerdos © Difusión, S.L.

MARCAS

¿Cómo se escribe ...?	¿Cómo se pronuncia?
¿Puedes repetir?	Más despacio, por favor.

A. Haz una lista de ocho marcas o productos internacionales. ¿Cómo se pronuncian en español? Díselas a tu compañero. Si no sabe cómo se escriben, deletréaselas.

MIS MARCAS

B. Ahora, escribe las marcas que te dice tu compañero.

SUS MARCAS

Acuerdos © Difusión, S.L.

NACIONALIDADES

¿De dónde es ...?	... es español, ¿no?
Es mexicana/uruguaya/...	No, es cubano/peruano/...

En este artículo de la revista *Inversiones* se han borrado las nacionalidades. Debajo del artículo tienes algunas de ellas. Pregúntale a tu compañero por las otras y completa el texto.

La literatura en español es negocio

Josefa Enríquez es la Directora General de la editorial _____ Biblos.

También trabajó para la editorial _____ Siglo XXI.

Enríquez es _____, pero actualmente vive en Costa Rica.

Ésta es su opinión acerca de la literatura en español: "Nuestra literatura es excelente. Tenemos grandes escritores, como el _____ Mario Vargas Llosa o el _____ Gabriel García Márquez. Son escritores muy famosos en los mercados _____ y _____.".

Editorial Siglo XXI	⟶	Honduras
Mario Vargas Llosa	⟶	Perú
mercados	⟶	EE.UU. y Europa

Acuerdos © Difusión, S.L.

NACIONALIDADES

¿De dónde es ...?	... es español, ¿no?
Es mexicana/uruguaya/...	No, es cubano/peruano/...

En este artículo de la revista *Inversiones* se han borrado las nacionalidades. Debajo del artículo tienes algunas de ellas. Pregúntale a tu compañero por las otras y completa el texto.

La literatura en español es negocio

Josefa Enríquez es la Directora General de la editorial _____ Biblos.

También trabajó para la editorial _____ Siglo XXI.

Enríquez es _____, pero actualmente vive en Costa Rica.

Ésta es su opinión acerca de la literatura en español: "Nuestra literatura es excelente. Tenemos grandes escritores, como el _____ Mario Vargas Llosa o el _____ Gabriel García Márquez. Son escritores muy famosos en los mercados _____ y _____.".

Editorial Biblos	⟶	**México**
Josefa Enríquez	⟶	**Uruguay**
Gabriel G. Márquez	⟶	**Colombia**

TARJETA DE VISITA

¿Cómo se/te llamas/a?   ¿Cuál es su/tu dirección/teléfono/...?

¿Dónde trabaja/s?   ¿A qué se/te dedica/s?

Trabajas en una empresa de diseño gráfico y tu compañero te ha pedido que le diseñes su nueva tarjeta de visita. Aquí tienes algunos modelos. Pregúntale la información que necesitas y diseña su tarjeta.

TEMPVS

ANA ESTRELLA
INGENIERA SUPERIOR

c/ Carmen Cobeña, 6
28005 Madrid
Tel.: 91 784 02 11
Fax: 91 784 02 12

ATF

José Méndez
Director Financiero

Hortaleza, 108. 28004 Madrid
Tel.: 91 356 78 90
Fax: 91 356 78 91
jose_mendez@atf.net

Gestión de la Comunicación

Banco Sur

Felipe Benedetti
Analista

Av. Independencia, 345
Buenos Aires
Tel. 9390 9393
Fax 8383 9393

USB
inversores

Clara Fernández
Contable

Paseo de Grácia, 33
08003 Barcelona
Tel.: 93 456 97 81
Fax: 93 456 78 89
e-mail: cfernandez@usb.net

TARJETA DE VISITA

¿Cómo se/te llamas/a?　　　　¿Cuál es su/tu dirección/teléfono/...?

¿Dónde trabaja/s?　　　　¿A qué se/te dedica/s?

Trabajas en una empresa de diseño gráfico y tu compañero te ha pedido que le diseñes su nueva tarjeta de visita. Aquí tienes algunos modelos. Pregúntale la información que necesitas y diseña su tarjeta.

TEMPVS

ANA ESTRELLA
INGENIERA SUPERIOR

c/ Carmen Cobeña, 6
28005 Madrid
Tel.: 91 784 02 11
Fax: 91 784 02 12

ATF

José Méndez
Director Financiero

Hortaleza, 108. 28004 Madrid
Tel.: 91 356 78 90
Fax: 91 356 78 91
jose_mendez@atf.net

Gestión de la Comunicación

Banco Sur

Felipe Benedetti
Analista

Av. Independencia, 345
Buenos Aires
Tel. 9390 9393
Fax 8383 9393

USB inversores

Clara Fernández
Contable

Paseo de Grácia, 33
08003 Barcelona
Tel.: 93 456 97 81
Fax: 93 456 78 89
e-mail: cfernandez@usb.net

MIS CONTACTOS

Toma el teléfono de ...	¿Puedes repetir?
¿Cómo se llama ...?	¿Qué cargo tiene?
La secretaria se llama ...	¿Cuál es su correo electrónico?

A. La semana próxima te vas de vacaciones y tu compañero va a ocupar tu puesto. ¿Qué teléfonos y qué correos electrónicos necesita tener? Díselos a tu compañero.

Tu lista

Nombre	Teléfono - Tel. Móvil	Correo electrónico
Ulises Glorio compañero	Tel: 853 97 66	uglorio@hotdog.com
Maria Larreta jefa de departamento	Tel: 853 07 11 Móvil: 556 94 39 30	mlarreta@reptil.com
Juliana Bernárdez secretaria	Tel: 853 56 05 Móvil: 777 76 58 49	jbernardez@virginia.com

EN CASO DE EMERGENCIA

Tu teléfono móvil _____

Tu correo electrónico _____

B. La semana próxima tu compañero se va de vacaciones y tú vas a ocupar su puesto. Apunta los números de teléfono y los correos electrónicos que vas a necesitar.

La lista de tu compañero

Nombre	Teléfono - Tel. Móvil	Correo electrónico
_____	_____	_____
_____	_____	_____
_____	_____	_____

EN CASO DE EMERGENCIA

Tu teléfono móvil _____

Tu correo electrónico _____

MIS CONTACTOS

Toma el teléfono de ...	¿Puedes repetir?
¿Cómo se llama ...?	¿Qué cargo tiene?
La secretaria se llama ...	¿Cuál es su correo electrónico?

A. La semana próxima tu compañero se va de vacaciones y tú vas a ocupar su puesto. Apunta los números de teléfono y los correos electrónicos que vas a necesitar.

La lista de tu compañero

Nombre	Teléfono - Tel. Móvil	Correo electrónico
_____	_____	_____
_____	_____	_____
_____	_____	_____

EN CASO DE EMERGENCIA

Tu teléfono móvil _____

Tu correo electrónico _____

B. La semana próxima te vas de vacaciones y tu compañero va a ocupar tu puesto. ¿Qué teléfonos y qué correos electrónicos necesita tener? Díselos a tu compañero.

Tu lista

Nombre	Teléfono - Tel. Móvil	Correo electrónico
Matías Llorens Director de Ventas	Tel: 908 60987	mllorens@armadillo.com
Margarita Juvenal compañera	Tel: 908 65447 Móvil: 556 94 39 30	mjuvenal@irmail.com
Antonio Berlioz Secretario	Tel: 908 93812 Móvil: 777 76 58 49	aberlioz@imperial.com

EN CASO DE EMERGENCIA

Tu teléfono móvil _____

Tu correo electrónico _____

FORMULARIOS

¿Cómo se/te llama/s?	¿Cuántos años tiene/s?
¿Dónde vive/s?	¿Cuál es su/tu teléfono?
¿A qué se/te dedica/s?	¿Su/Tu dirección electrónica?

Por las mañanas trabajas en un banco y por las tardes en un club de estudiantes. Debes tomar los datos de tu compañero para enviarle información periódicamente. Decide en cada caso si usas TÚ o USTED y rellena las fichas.

❏ TÚ   ❏ USTED

Banco Crédito

Nombre   Apellidos

Domicilio

Edad   Profesión

❏ TÚ   ❏ USTED

CLUB DE ESTUDIANTES

Nombre

Apellidos

Dirección

Teléfono

E-mail

FORMULARIOS

¿Cómo se/te llama/s?

¿Dónde vive/s?

¿A qué se/te dedica/s?

¿Cuántos años tiene/s?

¿Cuál es su/tu teléfono?

¿Su/Tu dirección electrónica?

Por las mañanas trabajas en un café de Internet y por las tardes en una consultoría. Debes tomar los datos de tu compañero para enviarle información periódicamente. Decide en cada caso si usas TÚ o USTED y rellena las fichas.

❏ TÚ   ❏ USTED

Los internautas

Nombre

Dirección

Teléfono

E-mail

❏ TÚ   ❏ USTED

Consultoría
Martínez y Aguado   M&A

Nombre

Apellidos

Domicilio

Edad

Profesión

Nacionalidad

PERFIL DE UNA EMPRESA

¿Qué tipo de empresa es?	¿Cuántos empleados/sucursales/
¿Qué hace su empresa?	oficinas tiene?
¿Dónde está su sede?	¿Cuál es su facturación?

A. Estás en una feria y buscas información sobre empresas para enviar tu currículum. En el stand de OfiPlus trabaja tu compañero. Pregúntale sobre su empresa. Después, decide si quieres entregarles tu currículum.

B. Trabajas en Systems Tres y ahora estás en el stand de tu empresa en una feria. Tu compañero te va a hacer unas preguntas sobre la empresa. Respóndelas.

SYSTEMS TRES

PARA MEJORAR SU SERVICIO

Fiabilidad
Nuestra empresa vende programas de software a las empresas financieras más importantes de Europa.

Presencia
Nuestra sede está en Madrid y tenemos un total de 15 sucursales en Europa.

Profesionalidad
Un total de 2580 personas trabaja en la empresa. Nuestros servicios de instalación y de mantenimiento están a cargo de destacados profesionales.

Solidez
Nuestra facturación alcanza los 776 millones de euros. El valor de nuestras acciones se ha incrementado en un 53% durante los últimos dos años.

José Zamora
Director General

Acuerdos © Difusión, S.L.

PERFIL DE UNA EMPRESA

¿Qué tipo de empresa es?

¿Qué hace su empresa?

¿Dónde está su sede?

¿Cuántos empleados/sucursales/
oficinas tiene?

¿Cuál es su facturación?

A. Trabajas en OfiPlus y ahora estás en el stand de tu empresa en una feria. Tu compañero te va a hacer unas preguntas sobre la empresa. Respóndelas.

OfiPlus

MÁS CERCA DE USTED

Quiénes somos

OfiPlus se dedica a la distribución de material de oficina en general y está especializada en la comercialización de accesorios para ordenadores.

Nuestra sede está en Bogotá y tenemos una red de distribución con más de 150 oficinas en todo el país.

Expansión

Nuestra empresa crece día a día. En la actualidad empleamos a 2500 trabajadores y facturamos cerca de 370 millones de dólares.

Productos

Ofertamos todo tipo de productos relacionados con el material para oficina. En nuestro catálogo hay más de 4000 artículos, lo cual no limita nuestro servicio.

B. Estás en una feria y buscas información sobre empresas para enviar tu currículum. En el stand de Systems Tres trabaja tu compañero. Pregúntale sobre su empresa. Después, decide si quieres entregarles tu currículum.

NUESTRA EMPRESA

Mi empresa se llama …	La oficina central está en …
Es una empresa de …	Tiene … sucursales/oficinas en …
Vende/Fabrica/Ofrece …	Nuestros clientes son/están …

A. Quieres abrir una galería de arte y necesitas inversores. Elabora un plan de empresa de la compañía y haz una presentación. Tu compañero es un posible inversor.

PLAN DE EMPRESA

Nombre:

Tipo:

Actividad:

Oficina central:

Número de empleados:

Productos/servicios:

Clientes:

Inversión inicial:

B. Eres un inversor. Marca el tipo de empresa y el dinero que quieres invertir y decide si vas a invertir en la empresa de tu compañero. Explica por qué.

Inversión máxima	☐ 380 000 €	☐ 280 000 €	☐ 100 000 €
Tipo de empresa	☐ Seguros	☐ Informática	☐ Banca
Tamaño	☐ Grande	☐ Mediana	☐ Pequeña

NUESTRA EMPRESA

Mi empresa se llama ...	La oficina central está en ...
Es una empresa de ...	Tiene ... sucursales/oficinas en ...
Vende/Fabrica/Ofrece ...	Nuestros clientes son/están ...

A. Quieres crear una empresa de informática y necesitas inversores. Elabora un plan de empresa de la compañía y haz una presentación. Tu compañero es un posible inversor.

PLAN DE EMPRESA

Nombre: ....

Tipo: ....

Actividad: ....

Oficina central: ....

Número de empleados: ....

Productos/servicios: ....

Clientes: ....

Inversión inicial: ....

B. Eres un inversor. Marca el tipo de empresa y el dinero que quieres invertir y decide si vas a invertir en la empresa de tu compañero. Explica por qué.

Inversión máxima	❏ 500 000 €	❏ 260 000 €	❏ 70 000 €
Tipo de empresa	❏ Internet	❏ Ropa	❏ Arte
Tamaño	❏ Grande	❏ Mediana	❏ Pequeña

PRESENTACIONES

Le/Te presento a ...	Encantado/a.
Éste/a es ... / Éstos/as son ...	Mucho gusto.

A. Trabajas para la cadena de supermercados Positano y tu compañero es un comercial de la empresa de productos lácteos Pulesa. Hoy visita tu empresa. Preséntale a tus compañeros de trabajo.

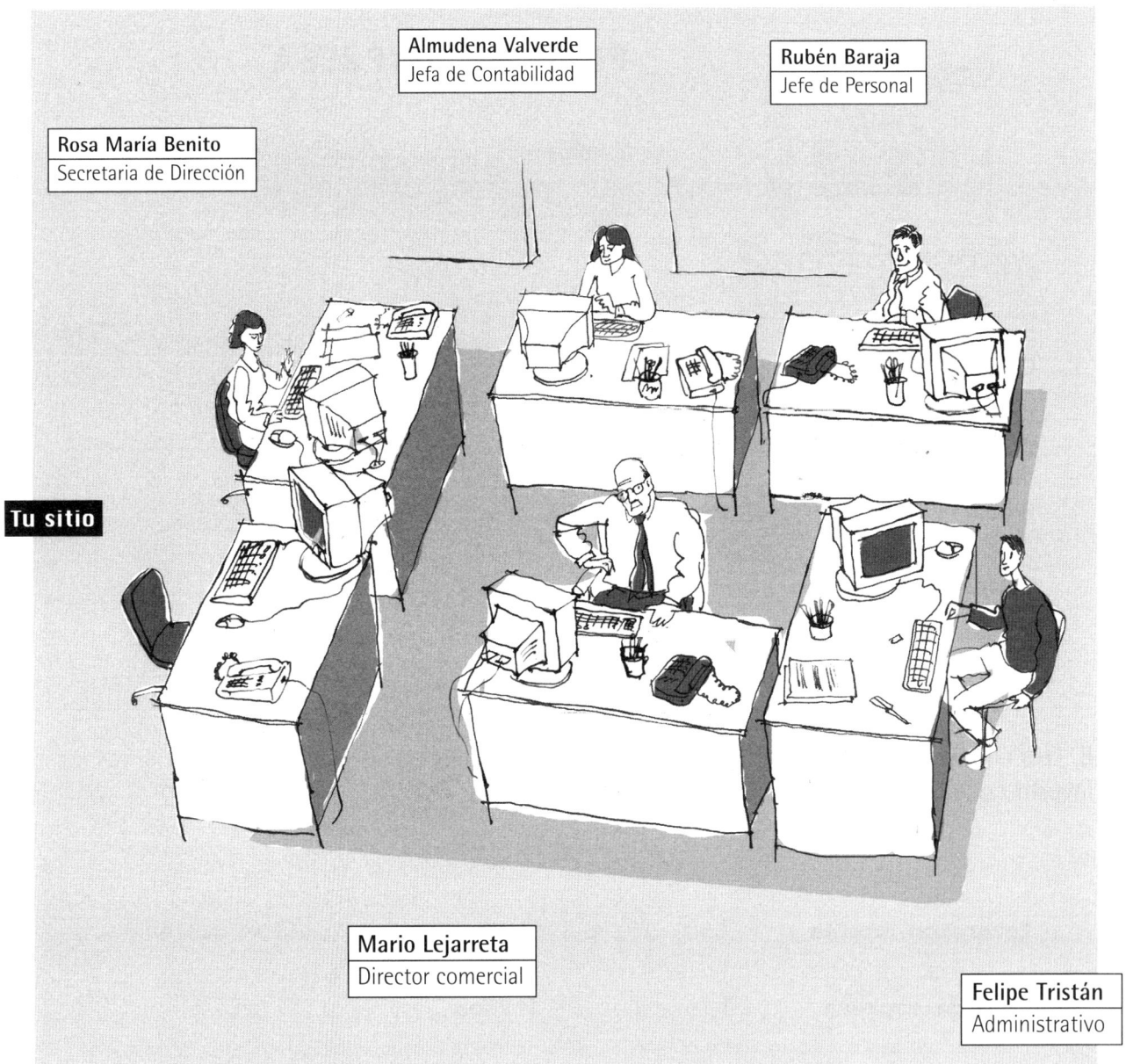

Almudena Valverde
Jefa de Contabilidad

Rubén Baraja
Jefe de Personal

Rosa María Benito
Secretaria de Dirección

Tu sitio

Mario Lejarreta
Director comercial

Felipe Tristán
Administrativo

B. Hoy visitas tú las oficinas de Pulesa. Tu compañero trabaja allí y te va a presentar a sus compañeros de trabajo. Reacciona.

Acuerdos © Difusión, S.L.

PRESENTACIONES

Le/Te presento a ...	Encantado/a.
Éste/a es ... / Éstos/as son ...	Mucho gusto.

A. Trabajas como comercial para Pulesa, una empresa de productos lácteos, y hoy visitas la cadena de supermercados Positano. Tu compañero trabaja allí y te va a presentar a sus compañeros de trabajo. Reacciona.

B. Hoy tu compañero visita las oficinas de Pulesa. Preséntale a tus compañeros de trabajo.

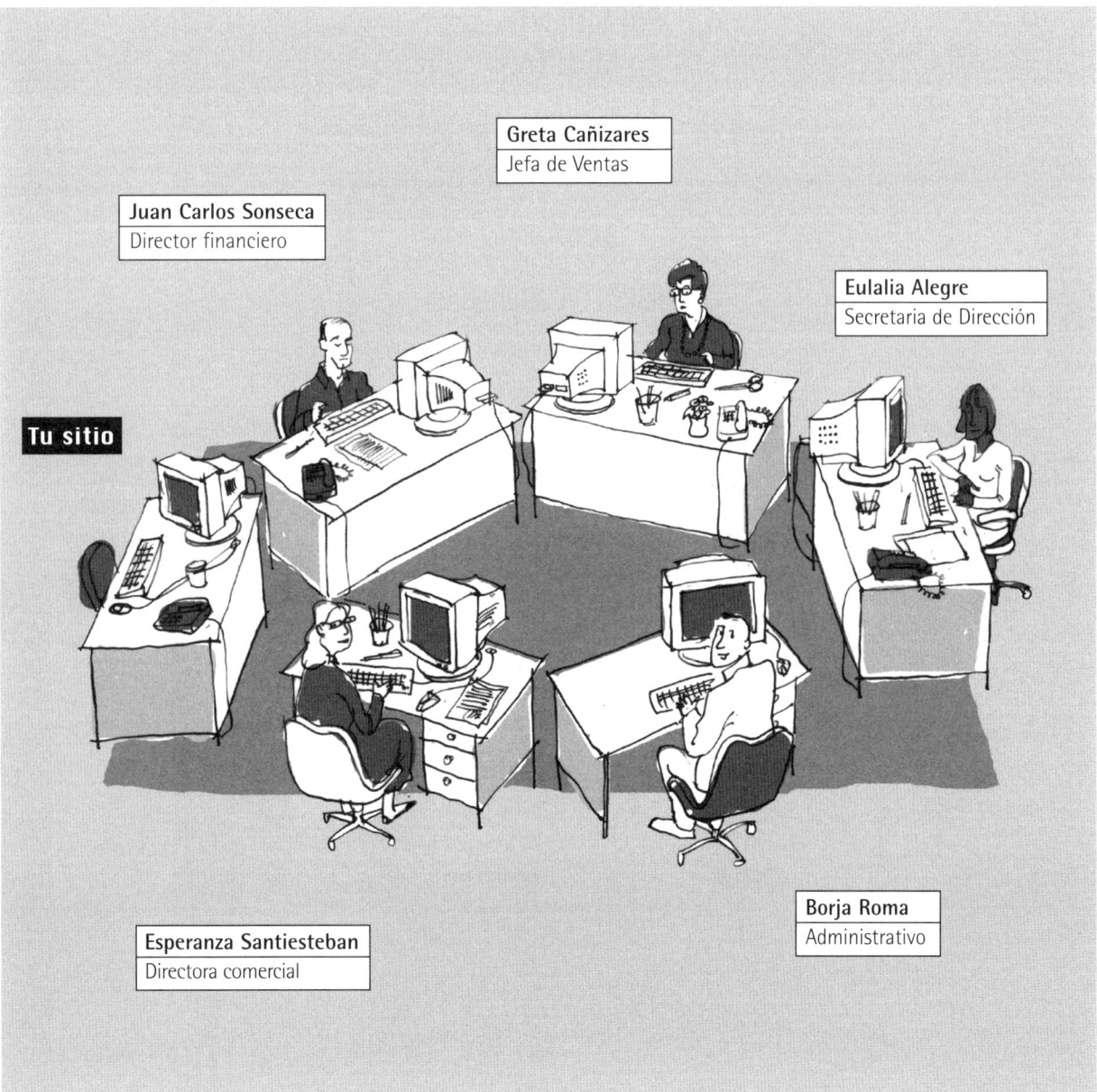

Greta Cañizares
Jefa de Ventas

Juan Carlos Sonseca
Director financiero

Eulalia Alegre
Secretaria de Dirección

Tu sitio

Esperanza Santiesteban
Directora comercial

Borja Roma
Administrativo

ORGANIGRAMA

¿Quién es ...?   ¿Qué cargo tiene ...? / ¿Qué hace ...?

¿Quién lleva el Departamento ...?   ... es el jefe de Personal / lleva el ...

Eres un nuevo empleado de la empresa Manitas y todavía no conoces a todo el mundo. Pregúntale a tu compañero lo que no sabes y completa el organigrama de la empresa.

```
                    ┌─────────────────────────────┐
                    │   ------------------------   │
                    │      PRESIDENTE DE           │
                    │        MANITAS               │
                    └─────────────────────────────┘
                               │
                    ┌─────────────────────────────┐
                    │      Sra. María Paso         │
                    │                              │
                    │     DIRECTORA GENERAL        │
                    └─────────────────────────────┘
```

	DEPARTAMENTO COMERCIAL		DEPARTAMENTO DE INFORMÁTICA
----------------	Julio Aguirre	----------------	Félix Forastero
Manuel Rojo		Ubaldino Jocoso	
Director	----------------	**Director**	----------------

	DEPARTAMENTO DE PUBLICIDAD	DEPARTAMENTO DE VENTAS	
	Jacinto Salazar	----------------	----------------
Nuria de Diego	**Director**		Luis Camino
----------------		**Subdirectora**	

	Marcos Lordes

Técnico de Informática	----------------

Acuerdos © Difusión, S.L.

ORGANIGRAMA

¿Quién es ...?   ¿Qué cargo tiene ...? / ¿Qué hace ...?

¿Quién lleva el Departamento ...?   ... es el jefe de Personal / lleva el ...

Eres un nuevo empleado de la empresa Manitas y todavía no conoces a todo el mundo. Pregúntale a tu compañero lo que no sabes y completa el organigrama de la empresa.

Sr. Mariano Hervás

PRESIDENTE DE MANITAS

DIRECTORA GENERAL

DEP. DE ADMINISTRACIÓN Y FINANZAS
Manuel Rojo

Julio Aguirre
Director

DEP. DE RECURSOS HUMANOS
Ubaldino Jocoso

Félix Forastero
Director

Secretaria

DEPARTAMENTO DE PUBLICIDAD
Jacinto Salazar

DEPARTAMENTO DE VENTAS
Julia Valdecasas

JEFE DE I + D

Pedro Santos

Técnico de Sistemas

UBICACIONES

¿Sabe/s dónde está el/la ...?	A la derecha/izquierda.
Al final del pasillo.	Está al lado / enfrente / cerca de ...

A. Estás en la recepción de Pentax S.A. Pregunta a tu compañero cómo llegar a los siguientes sitios y completa el plano.

.Los servicios

.La oficina de la Sra. Ordóñez

.El despacho del Sr. Sanz

.La oficina de la Sra. Hurtado

.La oficina del Director comercial

Pentax S.A.

B. Trabajas en Comunicaciones Eco. Tu compañero te preguntará cómo llegar a algunos sitios. Mira el dibujo y contéstale.

Comunicaciones Eco

Acuerdos © Difusión, S.L.

UBICACIONES

¿Sabe/s dónde está el/la ...?

Al final del pasillo.

A la derecha/izquierda.

Está al lado / enfrente / cerca de ...

A. Trabajas en Pentax S.A. Tu compañero te preguntará cómo llegar a algunos sitios. Mira el dibujo y contéstale.

Pentax S.A.

B. Estás en la recepción de Comunicaciones Eco. Pregunta a tu compañero cómo llegar a los siguientes sitios y completa el plano.

.El Departamento de Ventas
.El baño
.La Sala de Reuniones
.El Departamento de Recursos Humanos
.El Departamento de Contabilidad

Comunicaciones Eco

GESTIONES

Tengo que enviar unas postales, ¿dónde ...?	¿Dónde puedo ...?
Quería comprar ...	¿Para cambiar dinero?
Y, ¿cuál es el horario de los bancos?	¿Cuánto cuesta ...?

A. Vas a viajar a Buenos Aires y vas a tener que hacer una serie de gestiones. Pregúntale a tu compañero la información necesaria para poder hacerlas: lugar, horarios, precios, etc.

GESTIONES	¿Dónde?	Otra información: horarios, precios, etc.
Llamar por teléfono al extranjero		
Comprar sellos		
Cambiar dinero		
Alquilar un coche		
Comprar prensa internacional		

B. Tu compañero va a viajar a Tokio y va a necesitar hacer una serie de gestiones. Lee este texto e infórmale de todo lo que te pregunte.

Tokio

Si visita Tokio, aquí tiene alguna información de interés. El símbolo de Correos en Japón es una "T" blanca y roja con una barra sobre el trazo horizontal de la "T". Las oficinas de Correos abren de 9 de la mañana a 7 de la tarde de lunes a viernes, de 9 a 3 los sábados y de 9 a 12 y media los domingos y festivos. La capital de Japón ofrece una gran variedad de restaurantes que están abiertos hasta la 1 o las 2 de la madrugada. Sin embargo, hay muchos que están abiertos las 24 horas del día. Se recomienda probar el economi yaki (una especie de tortilla con col y huevo) y el champon (una gran sopa de fideos con carne, verdura, pescado...). También han proliferado últimamente los cafés Internet, que suelen estar abiertos también las 24 horas del día. En Tokio la oferta nocturna es muy variada. La noche empieza alrededor de las 18.00 y para la mayoría acaba antes de la medianoche. Los que quieren continuar suelen ir al barrio de Roppongi, donde se encuentran numerosas discotecas que no cierran hasta altas horas de la madrugada. Para comprar regalos típicos del país, es recomendable ir a los templos, acercarse al Palacio Imperial o acudir a cualquiera de los grandes almacenes de la ciudad. También puede ir a Kappabashi para comprar la típica comida de plástico que adorna los escaparates de los restaurantes.

GESTIONES

Tengo que enviar unas postales, ¿dónde ...?   ¿Dónde puedo ...?

Quería comprar ...   ¿Para cambiar dinero?

Y, ¿cuál es el horario de los bancos?   ¿Cuánto cuesta ...?

A. Tu compañero va a viajar a Buenos Aires y va a tener que hacer una serie de gestiones. Lee este texto e infórmale de todo lo que te pregunte.

Buenos Aires

Si visita Buenos Aires, aquí tiene alguna información de interés. La ciudad cuenta con muchos restaurantes que están abiertos hasta las 12 de la noche. Normalmente se almuerza a la una y se cena a las nueve. La carne vacuna y los vinos tintos son de una excelente calidad y una comida puede costar entre 8 y 15 USD. Todas las tiendas están abiertas de 9 a 7 y los sábados de 9 a 1. Los grandes centros comerciales abren también los domingos y los días festivos. La prensa internacional se puede comprar en los quioscos de la calle Florida y de la Avenida Corrientes. La mayoría de estos quioscos cierra a las 6 de la tarde aunque algunos están abiertos las 24 horas. Los bancos abren de 10 a 4 de la tarde de lunes a viernes; las casas de cambio, ubicadas en la zona bancaria, tienen el mismo horario. Los sellos o estampillas se pueden comprar en cualquier oficina de correos y el horario es similar al de las tiendas. Los locutorios son los mejores sitios para llamar por teléfono y están abiertos de 9 de la mañana a 9 de la noche. Como en la mayoría de países, se pueden alquilar coches en los aeropuertos.

B. Vas a viajar a Tokio y vas a tener que hacer una serie de gestiones. Pregúntale a tu compañero la información necesaria para poder hacerlas: lugar, horarios, precios, etc

GESTIONES	¿Dónde?	Otra información: horarios, precios, etc.
Llamar por teléfono al extranjero		
Comprar sellos		
Cambiar dinero		
Alquilar un coche		
Comprar prensa internacional		

ALQUILERES

Prefiero este piso porque ...	Tiene más/menos luz que ...
Está cerca de ...	Cuesta el doble / el triple / la mitad /
Yo creo que es bastante / muy /	lo mismo.
un poco / demasiado ...	Éste/a es el/la mejor.

A. Tu compañero y tú trabajáis en la misma empresa. Vuestra compañía os manda a España durante varios meses a trabajar y tenéis que compartir piso. Piensa qué tipo de vivienda te gustaría alquilar.

CARACTERÍSTICAS

UBICACIÓN

PRECIO MÁXIMO

ALQUILER

B. Estás buscando en un periódico español anuncios para alquilar un piso. Selecciona de los siguientes el que se adapta más a tus gustos. Tu compañero también ha encontrado un piso que le gusta. Decidid con cuál os quedáis.

Muy céntrico. S/m, 3 hab., cocina y baño nuevos. Plaza de parking opcional. **650 euros.** Tf. 4216546563

En las afueras. 2h., baño completo, trza. 50m². Amueblado. 400 euros/mes. Tf. 4512354599

Ático dúplex a 10 min. del centro. Jto. Plaza Adriano. 3 dormitorios, baño, 60 m², muy tranquilo, bien comunicado. Alquiler: 600 € Tf. 1242154898

Acuerdos © Difusión, S.L.

ALQUILERES

Prefiero este piso porque ...	Tiene más/menos luz que ...
Está cerca de ...	Cuesta el doble / el triple / la mitad /
Yo creo que es bastante / muy /	lo mismo.
un poco / demasiado ...	Éste/a es el/la mejor.

A. Tu compañero y tú trabajáis en la misma empresa. Vuestra compañía os manda a España durante varios meses a trabajar y tenéis que compartir piso. Piensa qué tipo de vivienda te gustaría alquilar.

CARACTERÍSTICAS

UBICACIÓN

PRECIO MÁXIMO

B. Estás buscando en un periódico español anuncios para alquilar un piso. Selecciona de los siguientes el que se adapta más a tus gustos. Tu compañero también ha encontrado un piso que le gusta. Decidid con cuál os quedáis.

A 5 min. del centro. 170 m², 5 h., 2 baños, parquet, cal., cocina equipada. Alto standing. 1000 euros/mes
Tf. 2933459825

ZONA VERDE. A 30 MIN. DEL CENTRO. 80m², 4 HAB., BÑ, BUEN ESTADO. GARAJE.
800 €
TF. 5154545690

Junto a la playa. Ext., ascensor, coc., com. bñ. 650 e. Ideal parejas. ¡VÉALO!

Tf. 3256486765

LUGAR DE TRABAJO

Está en ...	Está bastante céntrico/lejos/...
Hay/Tiene mucha luz/espacio/...	Hace mucho frío/calor.
Está dividido en ...	Creo que ... porque ...
La decoración es ...	Necesito más ....

¿Te gusta el lugar donde trabajas? ¿Crees que te ayuda a trabajar mejor? Haz este pequeño test y coméntalo con tu compañero.

LOCALIZACIÓN	❏ A. a menos de 10 minutos de casa en transporte ❏ B. a menos de 20 minutos de casa en transporte ❏ C. a más de 20 minutos de casa en transporte
ESPACIO	❏ A. local diáfano (sin divisiones) ❏ B. dividido en despachos grandes ❏ C. dividido en despachos pequeños
LUZ	❏ A. mucha luz natural ❏ B. luz natural solo algunas horas al día ❏ C. solo luz artificial
RUIDO	❏ A. despachos insonorizados ❏ B. sonido ambiente normal ❏ C. ruido de faxes, impresoras, teléfonos...
EQUIPO	❏ A. hay todo el material logístico necesario ❏ B. hay casi todo el material logístico necesario ❏ C. falta mucho material logístico
DECORACIÓN	❏ A. agradable y de buen gusto ❏ B. pasa totalmente desapercibida ❏ C. desagradable y de mal gusto

LUGAR DE TRABAJO

Está en ...	Está bastante céntrico/lejos/...
Hay/Tiene mucha luz/espacio/...	Hace mucho frío/calor.
Está dividido en ...	Creo que ... porque ...
La decoración es ...	Necesito más ....

¿Te gusta el lugar donde trabajas? ¿Crees que te ayuda a trabajar mejor? Haz este pequeño test y coméntalo con tu compañero.

LOCALIZACIÓN
- ❒ A. a menos de 10 minutos de casa en transporte
- ❒ B. a menos de 20 minutos de casa en transporte
- ❒ C. a más de 20 minutos de casa en transporte

ESPACIO
- ❒ A. local diáfano (sin divisiones)
- ❒ B. dividido en despachos grandes
- ❒ C. dividido en despachos pequeños

LUZ
- ❒ A. mucha luz natural
- ❒ B. luz natural solo algunas horas al día
- ❒ C. solo luz artificial

RUIDO
- ❒ A. despachos insonorizados
- ❒ B. sonido ambiente normal
- ❒ C. ruido de faxes, impresoras, teléfonos...

EQUIPO
- ❒ A. hay todo el material logístico necesario
- ❒ B. hay casi todo el material logístico necesario
- ❒ C. falta mucho material logístico

DECORACIÓN
- ❒ A. agradable y de buen gusto
- ❒ B. pasa totalmente desapercibida
- ❒ C. desagradable y de mal gusto

TAREAS

| La Directora tiene que ... | Luz Vicario escribe/envía/elabora ... |
| Pedro Dueñas se encarga de ... | ¿Quién inaugura/asigna/negocia ...? |

A. Éstos son algunos de los trabajadores de Géminis, una empresa de formación. Todas las semanas hacen una lista de las cosas que hay que hacer y se reparten las tareas en una pizarra.
¿Quién crees que se encarga de cada una de las cosas de la lista del proyecto Sanita? Escríbelo.

Elisa Lagier
Directora

Pedro Dueñas
Formador

Luz Vicario
Administrativa

Marcelo Duhalde
Comercial

Proyecto Sanita

• Escribir los informes finales

• Enviar los informes finales

• Tener una reunión con el Director de Formación de Sanita

• Elaborar la factura final

• Enviar la factura por fax

• Firmar el contrato con Sanita

B. Ahora pregúntale a tu compañero qué hacen estas mismas personas en el proyecto Correos. ¿Estás de acuerdo con él?

TAREAS

La Directora tiene que ...	Luz Vicario escribe/envía/elabora ...
Pedro Dueñas se encarga de ...	¿Quién inaugura/asigna/negocia ...?

A. Éstos son algunos de los trabajadores de Géminis, una empresa de formación. Todas las semanas hacen una lista de las cosas que hay que hacer y se reparten las tareas en una pizarra.
¿Quién crees que se encarga de cada una de las cosas de la lista del proyecto Correos? Escríbelo.

Elisa Lagier
Directora

Pedro Dueñas
Formador

Luz Vicario
Administrativa

Marcelo Duhalde
Comercial

Proyecto Correos

• Recibir a los nuevos estudiantes

• Inaugurar el curso de formación

• Negociar con Correos acerca del pago del curso

• Elaborar el programa del curso

• Asignar un aula para el curso

• Reunirse con el Jefe de Formación de Correos

B. Ahora pregúntale a tu compañero qué hacen estas mismas personas en el proyecto Sanitas.
¿Estás de acuerdo con él?

COMPROMISOS LABORALES

¿Qué tal el ...? / ¿Y si quedamos el ...?

¿Cuándo podemos vernos?

¿A qué hora es ...? / ¿Qué día tienes ...?

Pues, primero podemos ... y luego ...

Yo el ... no puedo porque tengo que ...

La reunión puede ser ...

Entonces quedamos por la mañana /
por la tarde / a mediodía/...

A. Tu compañero y tú trabajáis juntos en un estudio de arquitectos. Esta semana tienes que hacer bastantes cosas. Escríbelas en tu agenda y anota también la hora.

5 lunes	6 martes
mañana	mañana
tarde	tarde

MIS CITAS

Reunión con el Sr. Solano

Comida en el restaurante Pax

Viaje de negocios a París

Conferencia en la Universidad

Reunión con el jefe

7 miércoles	8 jueves	9 viernes
mañana	mañana	mañana
tarde	tarde	tarde

B. Unos clientes os visitan esta semana durante unos días: llegan el martes a primera hora de la mañana y se van el viernes por la tarde. Ponte de acuerdo con tu compañero sobre qué hacer y cuándo. Anótalo en tu agenda.

Compromisos

cenar en un restaurante típico

celebrar una reunión

ir al teatro

hacer una comida de negocios

visitar algún museo famoso

asistir a algún espectáculo

enseñarles las oficinas

ir a recogerlos al aeropuerto

COMPROMISOS LABORALES

¿Qué tal el ...? / ¿Y si quedamos el ...?

¿Cuándo podemos vernos?

¿A qué hora es ...? / ¿Qué día tienes ...?

Pues, primero podemos ... y luego ...

Yo el ... no puedo porque tengo que ...

La reunión puede ser ...

Entonces quedamos por la mañana / por la tarde / a mediodía/...

A. Tu compañero y tú trabajáis juntos en un estudio de arquitectos. Esta semana tienes que hacer bastantes cosas. Escríbelas en tu agenda y anota también la hora.

MIS CITAS

Desayuno con el abogado de ROC

Visita a las obras del Hotel Sol

Jugar al golf con un cliente

Reunión con el asesor comercial

Reunión con el jefe

5 lunes
mañana

tarde

6 martes
mañana

tarde

7 miércoles
mañana

tarde

8 jueves
mañana

tarde

9 viernes
mañana

tarde

B. Unos clientes os visitan esta semana durante unos días: llegan el martes a primera hora de la mañana y se van el viernes por la tarde. Ponte de acuerdo con tu compañero sobre qué hacer y cuándo. Anótalo en tu agenda.

Compromisos

cenar en un restaurante típico

celebrar una reunión

ir al teatro

hacer una comida de negocios

visitar algún museo famoso

asistir a algún espectáculo

enseñarles las oficinas

ir a recogerlos al aeropuerto

MI TRABAJO

Soy responsable de ...	Dirijo/Coordino/Superviso/Diseño ...
Tengo que ...	Me ocupo / Estoy a cargo de ...

Elige un elemento de cada caja: una compañía, un departamento y un puesto. Explícale a tu compañero en qué consiste tu trabajo y qué haces en un día normal. Él debe adivinar cuál es tu puesto y en qué departamento y empresa trabajas.

Compañías

Telefónica Bahiense

Empresa de software Microsós

Agencia de publicidad Creart

Revista virtual Moda.com

Agencia de seguros Prudencia

Banco del Norte

Departamentos

Ventas

Marketing

Contabilidad

Investigación y Desarrollo

Administración y Finanzas

Apoyo Técnico

Puestos

Director	Asesor
Diseñador	Jefe de proyectos
Secretario	Productor

MI TRABAJO

Soy responsable de ...

Tengo que ...

Dirijo/Coordino/Superviso/Diseño ...

Me ocupo / Estoy a cargo de ...

Elige un elemento de cada caja: una compañía, un departamento y un puesto. Explícale a tu compañero en qué consiste tu trabajo y qué haces en un día normal. Él debe adivinar cuál es tu puesto y en qué departamento y empresa trabajas.

Compañías

Telefónica Bahiense

Empresa de software Microsós

Agencia de publicidad Creart

Revista virtual Moda.com

Agencia de seguros Prudencia

Banco del Norte

Departamentos

Ventas

Marketing

Contabilidad

Investigación y Desarrollo

Administración y Finanzas

Apoyo Técnico

Puestos

Director

Diseñador

Secretario

Asesor

Jefe de proyectos

Productor

Acuerdos © Difusión, S.L.

AL TELÉFONO

¿Sí? / ¿Dígame?	Tengo que hablar con usted de ...
Buenos días, ¿el Sr. ..., por favor?	¿Cuándo podemos vernos?
¿Puedo/Podría hablar con ...? /¿Está ...?	¿Qué tal el lunes / mañana /...?
¿De parte de quién?	De acuerdo.

A. Eres el Director Comercial de una empresa de nuevas tecnologías. Tienes que hablar con el Sr. Felipe Domenech, presidente de una empresa de la competencia, para proponerle un negocio conjunto. El Sr. Domenech está de visita en la ciudad y se aloja en el Hotel Carlos V. Prepara antes lo que vas a decir y después llama.

B. Trabajas en la recepción del Dr. Calderón. Vas a recibir una llamada. Responde al teléfono y completa el cuadro.

Dr. Calderón

Ha llamado el Sr. / la Sra.

para

y solicita que

AL TELÉFONO

¿Sí? / ¿Dígame?	Tengo que hablar con usted de ...
Buenos días, ¿el Sr. ..., por favor?	¿Cuándo podemos vernos?
¿Puedo/Podría hablar con ...? /¿Está ...?	¿Qué tal el lunes / mañana /...?
¿De parte de quién?	De acuerdo.

A. Eres el Sr. Felipe Domenech, presidente de una empresa de nuevas tecnologías. Vas a recibir una llamada. Responde al teléfono y completa el cuadro.

¿Quién llama?

¿Para qué?

¿Qué habéis acordado?

B. Tienes que concertar una cita con tu médico. Prepara antes lo que vas a decir y, después, llama.

EL CANDIDATO IDEAL

> Necesitamos a una persona ... porque ...   Pues a mí no porque ... Prefiero a ...
>
> Me encanta ...   Yo también prefiero a una persona ...
>
> A mí también/tampoco.   ... me gusta mucho porque ...

A. Tú y tu compañero trabajáis en el Departamento de Recursos Humanos de una editorial especializada en la publicación de libros para secundaria. Estáis buscando a un comercial para el Departamento de Ventas. Decide con tu compañero el perfil de la persona que necesitáis.

PERFIL

B. Éste es el resumen de los tres currículos que has seleccionado. Elige el que te parece más apropiado para el puesto y defiéndelo ante el candidato que ha elegido tu compañero. Al final, solo puede quedar uno.

Antonio Casero Castro
44 años
casado, dos hijos

- Sin estudios universitarios
- 5 años de experiencia como jefe de un almacén
- 8 años de comercial en la editorial Vergara
- 6 años dirigiendo su propio negocio
- 1 año en una distribuidora de libros
- Curso de ventas
- Cualidades: responsable y trabajador

Ester Segura Medina
25 años
soltera

- Administrativa
- Conocimientos amplios de Informática
- Trabaja actualmente como secretaria en una compañía de seguros
- Trabajó durante unos meses como relaciones públicas de una discoteca
- Buen nivel de inglés y de italiano
- Cualidades: comunicativa y emprendedora

Ana García Tejero
30 años
soltera

- Licenciada en Empresariales
- Carnet de conducir
- Idiomas: inglés y francés
- Experiencia profesional: jefa de la sección de complementos en unos grandes almacenes, recepcionista en un hotel
- Cualidades: profesional y competente

EL CANDIDATO IDEAL

> Necesitamos a una persona ... porque ...
>
> Me encanta ...
>
> A mí también/tampoco.
>
> Pues a mí no porque ... Prefiero a ...
>
> Yo también prefiero a una persona ...
>
> ... me gusta mucho porque ...

A. Tú y tu compañero trabajáis en el Departamento de Recursos Humanos de una editorial especializada en la publicación de libros para secundaria. Estáis buscando a un comercial para el Departamento de Ventas. Decide con tu compañero el perfil de la persona que necesitáis.

PERFIL

B. Éste es el resumen de los tres currículos que has seleccionado. Elige el que te parece más apropiado para el puesto y defiéndelo ante el candidato que ha elegido tu compañero. Al final, solo puede quedar uno.

Jesús Casero López
27 años
soltero

- Licenciado en Historia
- Máster en Educación
- Idiomas: francés
- Experiencia profesional: profesor en un colegio
  privado, gerente de la empresa familiar
- Cualidades: inteligente y serio

Anabel Cano De María
31 años
divorciada, dos hijos

- Licenciada en Psicología
- 10 años en el Departamento de
  Personal de la empresa Piblix
- 15 años en una empresa alemana en Munich
  como responsable del Departamento de
  Relaciones Internacionales
- Idiomas: alemán
- Cualidades: simpática y trabajadora

Pilar Carrasco Utrera
32 años
casada, sin hijos

- Diploma en Contabilidad
- Conocimientos amplios de Informática
- Trabaja actualmente como empleada de banca
- Trabajó durante 5 años como secretaria
  en una editorial
- Buen nivel de inglés y nociones de
  italiano, francés y alemán
- Cualidades: competente y comunicativa

CONDICIONES LABORALES

¿Qué horario tienes?	¿Te gusta...?
¿Cuánto te pagan?	Me gusta bastante/mucho/...
¿Cuántos días de vacaciones tienes?	No, no me gusta nada. Prefiero ...

Pregúntale a tu compañero por sus condiciones laborales y anota lo que te diga. ¿Crees que está contento? Después, él te preguntará a ti.

	CONDICIONES LABORALES
Horario de trabajo	
Vacaciones	
Condiciones económicas	
Cursos de formación	
Extras (vehículo, pagas extras, dietas...)	

Acuerdos © Difusión, S.L.

CONDICIONES LABORALES

¿Qué horario tienes?	¿Te gusta ...?
¿Cuánto te pagan?	Me gusta bastante/mucho/...
¿Cuántos días de vacaciones tienes?	No, no me gusta nada. Prefiero ...

Préguntale a tu compañero por sus condiciones laborales y anota lo que te diga. ¿Crees que está contento? Después, él te preguntará a ti.

	CONDICIONES LABORALES
Horario de trabajo	
Vacaciones	
Condiciones económicas	
Cursos de formación	
Extras (vehículo, pagas extras, dietas...)	

Acuerdos © Difusión, S.L.

INVITACIONES

¿Le/Te apetece ...?	¿Cenamos/comemos ... juntos?
¿Por qué no ...? / ¿Y si ...?	Estupendo / Vale / De acuerdo.
¿Quiere/s ir a ...?	Lo siento, no puedo. Es que ...

A. ¿Qué tipo de actividades haces normalmente con tus clientes? ¿Y con tus amigos? Elige una de estas actividades y escribe un correo electrónico invitando a tu compañero.

TEATRO MODERNO
5-9 julio
Locura de amor

6-9 junio
Campeonato de España de tenis femenino

Festival de Jazz
1-15 de junio

F.C. Barcelona
Real Madrid
La pasión de la liga, en TV9

Archivo   Edición   Ver   Mensaje   Formato   Herramientas   Ventana   Ayuda   16:28

Enviar ahora Enviar más tarde Guardar como borrador Añadir archivos adjuntos Firma Contactos Comprobar nombres

B. Responde a la invitación de tu compañero. Si no puedes aceptarla, da una excusa y propón una alternativa.

Archivo   Edición   Ver   Mensaje   Formato   Herramientas   Ventana   Ayuda   16:28

Enviar ahora Enviar más tarde Guardar como borrador Añadir archivos adjuntos Firma Contactos Comprobar nombres

INVITACIONES

¿Le/Te apetece ...?   ¿Cenamos/comemos ... juntos?

¿Por qué no ...? / ¿Y si ...?   Estupendo / Vale / De acuerdo.

¿Quiere/s ir a ...?   Lo siento, no puedo. Es que ...

A. ¿Qué tipo de actividades haces normalmente con tus clientes? ¿Y con tus amigos? Elige una de estas actividades y escribe un correo electrónico invitando a tu compañero.

TEATRO MODERNO
5-9 julio
Locura de amor

6-9 junio
Campeonato de España de tenis femenino

1-15 de junio

F.C. Barcelona
Real Madrid
La pasión de la liga, en
TV9

Archivo Edición Ver Mensaje Formato Herramientas Ventana ❤ Ayuda	16:28

Enviar ahora   Enviar más tarde   Guardar como borrador   Añadir archivos adjuntos   Firma   Contactos   Comprobar nombres

B. Responde a la invitación de tu compañero. Si no puedes aceptarla, da una excusa y propón una alternativa.

Archivo Edición Ver Mensaje Formato Herramientas Ventana ❤ Ayuda	16:28

Enviar ahora   Enviar más tarde   Guardar como borrador   Añadir archivos adjuntos   Firma   Contactos   Comprobar nombres

PROYECTOS

Puede ser un teléfono ...	(No) Me parece bien ...
El público va a ser ...	(No) Me gusta porque ...
Pensamos distribuirlo ...	No, no es posible porque ...
(No) Estoy de acuerdo con ...	Lo mejor / Lo más importante es ...

A. Tu compañero y tú trabajáis en una compañía de telefonía móvil. Vuestra empresa quiere lanzar un nuevo teléfono al mercado. Decidid juntos cómo va a ser el producto.

Tamaño

Costes

Color

Precio

Características

Competencia

B. Ahora, vais a definir la campaña de publicidad para vuestro nuevo teléfono. Primero, cada uno va a decidir sobre estos tres aspectos. Después, intercambiaos la información y decidid la campaña final. Haced una presentación del producto y del marketing que vais a llevar a cabo.

Eslogan	
Público	
Fecha y lugar de lanzamiento	

PROYECTOS

Puede ser un teléfono ...	(No) Me parece bien ...
El público va a ser ...	(No) Me gusta porque ...
Pensamos distribuirlo ...	No, no es posible porque ...
(No) Estoy de acuerdo con ...	Lo mejor / Lo más importante es ...

A. Tu compañero y tú trabajáis en una compañía de telefonía móvil. Vuestra empresa quiere lanzar un nuevo teléfono al mercado. Decidid juntos cómo va a ser el producto.

Tamaño	Costes
Color	**Precio**
Características	**Competencia**

B. Ahora, vais a definir la campaña de publicidad para vuestro nuevo teléfono. Primero, cada uno va a decidir sobre estos tres aspectos. Después, intercambiaos la información y decidid la campaña final. Haced una presentación del producto y del marketing que vais a llevar a cabo.

Promociones	
Distribución	
Medios de comunicación	

PRODUCTOS Y CONSUMIDORES

Este modelo gasta/consume/cuesta	Es mejor/peor/igual que ...
más / menos / lo mismo (que) ...	Vamos a desarrollar ...
Tiene el mismo ... que ...	Tiene que ser un coche ... porque ...
Es más / menos / igual de ... que ...	Puede tener ...

A. Compara con tu compañero estos cuatro coches y decidid a qué consumidor tipo van dirigidos.

Fordswagen

Fordswagen Frontera
Precio 21 500 euros
Motor 2400 cc
Tamaño grande
Consumo medio: 15 litros
5 puertas
Frenos A.B.S., 4 airbags, cierre
centralizado con mando a distancia,
aire acondicionado, equipo de audio
con 6 altavoces, barras de protección
laterales

Fordswagen Kat
Precio 10 500 euros
Motor 1100 cc
Tamaño pequeño
Consumo medio: 6 litros
3 puertas

Fordswagen Lakuna
Precio 18 500 euros
Motor 1800 cc
Tamaño grande
Consumo medio: 11 litros
5 puertas
Frenos A.B.S., 4 airbags, cierre
centralizado con mando a distan-
cia, aire acondicionado

Fordswagen Gol
Precio 15 400 euros
Motor 1600 cc
Tamaño mediano
Consumo medio: 8 litros
3 puertas
Airbag, elevalunas eléctrico

B. Tu compañero y tú trabajáis en la empresa de automóviles Fordswagen. ¿Qué coche vais a desarrollar para vender a este consumidor tipo?

CONSUMIDOR

Familia: José Luis Huan   Nº hijos: soltero,
                                      sin hijos
Ocupación
del hombre: contable, asesor de empresas

Ocupación
de la mujer: ----------

Acuerdos © Difusión, S.L.

PRODUCTOS Y CONSUMIDORES

Este modelo gasta/consume/cuesta	Es mejor/peor/igual que ...
más / menos / lo mismo (que) ...	Vamos a desarrollar ...
Tiene el mismo ... que ...	Tiene que ser un coche ... porque ...
Es más / menos / igual de ... que ...	Puede tener ...

A. Descríbele a tu compañero estos cuatro consumidores tipo y decidid qué coche de Fordswagen es el que mejor se adapta a sus necesidades.

CONSUMIDORES

Familia: Los Muñoz   **Nº hijos:** 2

Ocupación del hombre: médico

Ocupación de la mujer: maestra

Familia: Los Rodríguez Beatty   **Nº hijos:** 3

Ocupación del hombre: empresario

Ocupación de la mujer: arquitecta

Familia: Perla y Gustavo Reiman   **Nº hijos:** sin hijos

Ocupación del hombre: profesor de secundaria

Ocupación de la mujer: ama de casa

Familia: Julieta Escobar   **Nº hijos:** soltera, sin hijos

Ocupación del hombre: - - - - - - - - - -

Ocupación de la mujer: empleada de un banco

B. Tu compañero y tú trabajáis en la empresa de automóviles Fordswagen. ¿Qué coche vais a desarrollar para vender a este consumidor tipo?

CONSUMIDOR

Familia: José Luis Huan   **Nº hijos:** soltero, sin hijos

Ocupación del hombre: contable, asesor de empresas

Ocupación de la mujer: - - - - - - - - - -

GRÁFICAS

El valor de las acciones ha subido en ...

En ... las acciones han caído en
   picado.

A partir de marzo/abril/mayo ...

En el primer trimestre ...

Es mejor invertir en ... porque ...

Tú y tu compañero os dedicáis a la gestión de fondos de inversión. Ambos tenéis que decidir dónde invertir dinero. Tú tienes los datos de la empresa Amarcord, que se dedica a la venta de libros y música por Internet. Contesta a las preguntas que te hará tu compañero sobre esta empresa. Después, hazle tú algunas preguntas sobre la cadena de librerías Cervantes y toma notas de lo que te diga. Decidid en cuál de las dos empresas es más conveniente invertir.

■ Amarcord

■ *Cervantes*

1. ¿Con qué valor han cotizado las acciones a principios y a finales de año?

2. ¿Cuál ha sido el mejor mes para la empresa? ¿Y el peor? ¿Por qué?

3. ¿El valor de una acción ha superado los 500 euros? ¿Y ha bajado de 100?

4. ¿En algún momento las acciones han caído en picado? ¿Se han recuperado de esa caída?

5. ¿En algún mes el valor de las acciones se ha mantenido estable?

6. Haz una valoración general de este año.

GRÁFICAS

El valor de las acciones ha subido en ...

En ... las acciones han caído en
picado.

A partir de marzo/abril/mayo ...

En el primer trimestre ...

Es mejor invertir en ... porque ...

Tú y tu compañero os dedicáis a la gestión de fondos de inversión. Ambos tenéis que decidir dónde invertir dinero. Tu compañero tiene datos sobre Amarcord, una empresa que vende libros y música por Internet. Hazle las preguntas del cuadro y toma notas. Tú tienes los datos de la empresa Cervantes, que posee una cadena de librerías y tiendas de música. Contesta las preguntas de tu compañero. Decidid en cuál de las dos empresas es más conveniente invertir.

■ Amarcord

1. ¿Con qué valor han cotizado las acciones a principios y a finales de año?

2. ¿Cuál ha sido el mejor mes para la empresa? ¿Y el peor? ¿Por qué?

3. ¿El valor de una acción ha superado los 500 euros? ¿Y ha bajado de 100?

4. ¿En algún momento las acciones han caído en picado? ¿Se han recuperado de esa caída?

5. ¿En algún mes el valor de las acciones se ha mantenido estable?

6. Haz una valoración general de este año.

■ Cervantes

COMPROBACIONES

¿Ya ha enviado / llamado a / ...?	¿Por qué todavía no ...?
No, todavía no ... / Sí, ya ...	Porque ... / Es que ...

A. Eres el director de una agencia de viajes y tu compañero es uno de tus trabajadores. Pregúntale si ya ha hecho las siguientes cosas. Si te dice que no, pregúntale por qué.

TAREAS POR REALIZAR — SI NO

- enviar por correo ordinario los nuevos catálogos a los clientes — ☐ ☐
- concertar una cita con el Director Comercial de Air España — ☐ ☐
- estudiar el presupuesto para las reformas en la oficina — ☐ ☐
- asistir a la reunión con los nuevos comerciales — ☐ ☐
- contestar los correos electrónicos — ☐ ☐

B. Ahora tú eres el Secretario del Director de una productora de televisión. Tu jefe llega al despacho a media tarde y te pregunta si ya has hecho las siguientes cosas. Responde a las preguntas que te hace y justifica las cosas que no has hecho. Las ilustraciones te pueden ayudar.

Sí No — TAREAS REALIZADAS

- ✔ ☐ analizar los índices de audiencia de los programas del día anterior
- ✔ ☐ actualizar los contenidos de la página web
- ☐ ✔ llamar al Director de Programación de TV8
- ☐ ✔ reservar mesa para seis en el restaurante "El jardín celestial"
- ✔ ☐ posponer la entrevista para el periódico La frontera

COMPROBACIONES

¿Ya ha enviado / llamado a / ...?	¿Por qué todavía no ...?
No, todavía no ... / Sí, ya ...	Porque / Es que ...

A. Trabajas en una agencia de viajes y tu compañero es el director. Responde a las preguntas que te hace y justifica las cosas que no has hecho. Las ilustraciones te pueden ayudar.

Sí	No	TAREAS REALIZADAS
☐	✔	enviar por correo ordinario los nuevos catálogos a los clientes
✔	☐	concertar una cita con el Director Comercial de Air España
✔	☐	estudiar el presupuesto para las reformas en la oficina
✔	☐	asistir a la reunión con los nuevos comerciales
☐	✔	contestar los correos electrónicos

B. Ahora, tú eres el director de una productora de televisión. Llegas al despacho a media tarde y le preguntas a tu secretario si ya ha hecho las siguientes cosas. Si te dice que no, pregúntale por qué.

TAREAS POR REALIZAR	SI	NO
- analizar los índices de audiencia de los programas del día anterior	☐	☐
- actualizar los contenidos de la página web	☐	☐
- llamar al director de Programación de TV8	☐	☐
- reservar mesa para seis en el restaurante "El jardín celestial"	☐	☐
- posponer la entrevista para el periódico La Frontera	☐	☐

FAVORES

¿Me dejas ...? / ¿Me das/pasas ...? /	Lo siento, es que ...
¿Tienes ...?	No, disculpa, es que ...
¿Puedes dejarme/pasarme/darme ...?	Sí, toma ...
Otra cosa, ¿podrías ...? / ¿te importaría ...?	Por supuesto.

Tú y tu compañero trabajáis en el Banco de Huesca. Ambos tenéis mucho trabajo. Pídele lo que necesites. Si él te pide algo, reacciona. Si respondes que no, da una explicación.

Estás escribiendo una carta y necesitas estos objetos. Pídeselos a tu compañero.

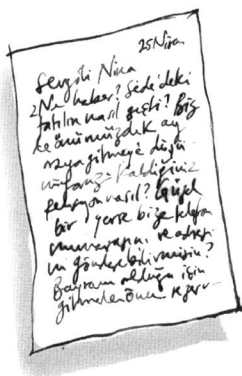

Has terminado la carta. Pídele a tu compañero que la lea y la corrija

Dentro de una hora va a llegar un cliente. Tú no puedes atenderlo. Pídele a tu compañero que lo atienda.

FAVORES

¿Me dejas ...? / ¿Me das/pasas ...? /	Lo siento, es que ...
¿Tienes ...?	No, disculpa, es que ...
¿Puedes dejarme/pasarme/darme ...?	Sí, toma ...
Otra cosa, ¿podrías ...? / ¿te importaría ...?	Por supuesto.

Tú y tu compañero trabajáis en el Banco de Huesca. Ambos tenéis mucho trabajo. Pídele lo que necesites. Si él te pide algo, reacciona. Si respondes que no, da una explicación.

Dentro de una hora tienes una reunión por teléfono pero no vas a tener tiempo. Pídele a tu compañero que tome la llamada.

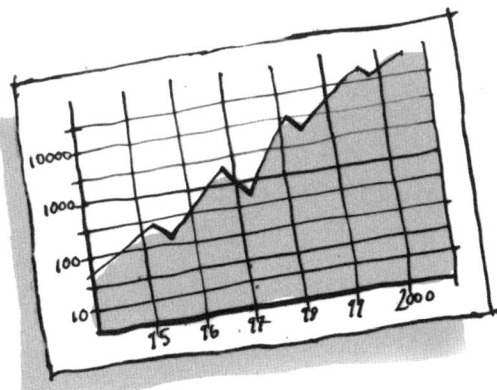

Tienes que escribir un informe y necesitas estos objetos. Pídeselos a tu compañero.

Necesitas algunos datos más, pero no sabes dónde encontrarlos. Pregúntale a tu compañero si los tiene y pídeselos.

Acuerdos © Difusión, S.L.

CONTRATIEMPOS

He pensado reservar/organizar ...	Y si no hay ..., podemos ...
Voy a enviar/buscar ...	Sí, sí. Buena idea. / Vale, me parece bien.
Si el vuelo se retrasa, llamaremos a ...	No sé si es una buena idea ...

A. Tú y tu compañero trabajáis en una empresa que organiza ferias y congresos. Un cliente muy importante os ha pedido que le organicéis una serie de cosas. Tú te encargas de los vuelos y del recibimiento. Coméntale a tu compañero tus ideas para ver qué le parecen.

Vuelos y recibimientos

- Reservar plazas de primera clase en un avión para que lleguen dos horas antes de la feria
- Mandar un chófer para que los recoja a la hora exacta
- Encargarse del equipaje
- Enviar también una azafata que hable inglés perfectamente para que les ayude
- Que la directora de nuestra empresa los reciba en la feria

B. Tu compañero se encarga del alojamiento y de las actividades de ocio. Escribe lo que ha pensado e imagina los posibles problemas o contratiempos que pueden surgir. Entre los dos buscad soluciones alternativas.

Acuerdos © Difusión, S.L.

CONTRATIEMPOS

He pensado reservar/organizar ...	Y si no hay ..., podemos ...
Voy a enviar/buscar ...	Sí, sí. Buena idea. / Vale, me parece bien.
Si el vuelo se retrasa, llamaremos a ...	No sé si es una buena idea ...

A. Tú y tu compañero trabajáis en una empresa que organiza ferias y congresos. Un cliente muy importante os ha pedido que le organicéis una serie de cosas. Tu compañero se encarga de los vuelos y del recibimiento. Escribe lo que ha pensado e imagina los posibles problemas o contratiempos que pueden surgir. Entre los dos buscad soluciones alternativas.

B. Tú te encargas del alojamiento y de las actividades de ocio. Coméntale a tu compañero tus ideas para ver qué le parecen.

Alojamiento y ocio

- Reservar habitaciones de lujo en un hotel céntrico
- Llevarles a conocer la vida nocturna de la ciudad
- Organizar una comida/cena para degustar los productos típicos del país
- Asistir a algún acontecimiento deportivo o cultural

Acuerdos © Difusión, S.L.

NOTICIAS

¿Sabes/Sabías que ...? / He leído que ...   (Pues) me parece bien porque ...

... ha dicho / dice que ... / pregunta si ...   Yo creo que no tiene razón porque ...

A. Mira el periódico y elige tres noticias que te interesan relacionadas con los temas propuestos en el cuadro. Después, escribe algunas de las declaraciones más importantes que aparecen en ellas.

Economía

¿quién?

¿qué?

Internacional

¿quién?

¿qué?

Deportes

¿quién?

¿qué?

B. Estás en una comida de negocios con tu compañero. Estáis comentando las noticias de la semana. Habla de las noticias que has seleccionado. Luego, da tu opinión sobre las noticias de tu compañero.

NOTICIAS

¿Sabes/Sabías que ...? / He leído que ...   (Pues) me parece bien porque ...

... ha dicho / dice que ... / pregunta si ...   Yo creo que no tiene razón porque ...

A. Mira el periódico y elige tres noticias que te interesan relacionadas con los temas propuestos en el cuadro. Después, escribe algunas de las declaraciones más importantes que aparecen en ellas.

Sucesos

¿quién?

¿qué?

Nacional

¿quién?

¿qué?

Cultura

¿quién?

¿qué?

B. Estás en una comida de negocios con tu compañero. Estáis comentando las noticias de la semana. Habla de las noticias que has seleccionado. Luego, da tu opinión sobre las noticias de tu compañero.

HISTORIA DE UNA EMPRESA

¿En qué año / Cuándo se constituyó ...?   ¿Qué pasó en el año ...?

¿Quién/es fue/fueron su/s ...?   ¿Dónde estuvo/estuvieron ...?

Tu compañero y tú tenéis este artículo sobre la historia de Lácteos S.A., pero os faltan algunos datos. Pregúntale la información que te falta y completa el artículo.

Lácteos S.A. a la cabeza del mercado

Lácteos S.A. se constituyó en _____ _____ en el año 1955 con el objetivo de garantizar el suministro de leche higienizada en esta región.

_____ , sus fundadores, la llamaron Lechera Central. En _____ cambió a Lácteos S.A., su nombre actual.

En sus primeras instalaciones, situadas en _____ , se dedicaban solamente a la elaboración de leche pasteurizada. Sin embargo, en el año 1965 empezaron a elaborar otros productos como _____ _____ en los que el periodo de caducidad era mayor. Debido al aumento constante de la demanda de leche pasteurizada, a principios de los años 70 su producción alcanzó los 150 000 litros diarios.

En _____ la rápida expansión por otras regiones españolas, llevó a la empresa a la creación de una industria láctea más modernizada. Dos años más tarde se trasladó a Comillas, su sede actual, y su producción pronto alcanzó los _____ litros diarios.

En 1982 _____ y a finales de esta década adquirió el 75% de la empresa de alimentación _____ .

Tres años después creó el Área de Desarrollo Ganadero y al cabo de cinco años llegó a disponer de más de _____ cabezas de ganado. "En 1998 se produjo uno de los hechos más importantes para el desarrollo futuro de la compañía", afirma Felipe Serrano, Director General, "con la creación del Departamento de Investigación y Desarrollo, con lo que pasamos a ser la primera empresa del sector.".

Acuerdos © Difusión, S.L.

HISTORIA DE UNA EMPRESA

¿En qué año / Cuándo se constituyó ...?   ¿Qué pasó en el año ...?

¿Quién/es fue/fueron su/s ...?   ¿Dónde estuvo/estuvieron ...?

Tu compañero y tú tenéis este artículo sobre la historia de Lácteos S.A., pero os faltan algunos datos. Pregúntale la información que te falta y completa el artículo.

Lácteos S.A. a la cabeza del mercado

Lácteos S.A. se constituyó en Santander en el año _____ con el objetivo de garantizar el suministro de leche higienizada en esta región.

Ramón Martos López y Jose Rueda Piedra, sus fundadores, la llamaron _____ _____. En 1970 cambió a Lácteos S.A., su nombre actual.

En sus primeras instalaciones, situadas en Santillana del Mar, se dedicaban solamente a la elaboración de leche pasteurizada. Sin embargo, en el año _____ empezaron a elaborar otros productos como leche en polvo, la mantequilla o los batidos en los que el periodo de caducidad era mayor. Debido al aumento constante de la demanda de leche pasteurizada, a principios de los años 70 su producción alcanzó los _____ litros diarios.

En 1973 la rápida expansión por otras regiones españolas, llevó a la empresa _____ _____.

Dos años más tarde se trasladó a _____ _____, su sede actual, y su producción pronto alcanzó los 400.000 litros diarios.

En 1982 entró a cotizar en Bolsa y a finales de esta década adquirió el _____% de la empresa de alimentación Provecho.

Tres años después creó el _____ _____ y al cabo de cinco años llegó a disponer de más de 10.000 cabezas de ganado. "En 1998 se produjo uno de los hechos más importantes para el desarrollo futuro de la compañía", afirma Felipe Serrano, _____ _____, "con la creación del _____ _____ con lo que pasamos a ser la primera empresa del sector.".

CURRÍCULUM VITAE

Nací el ... de ... en ...	Hace un año / un mes / una semana ...
Estudié ... de ... a ... / Trabajé en ... hasta ...	En ... me trasladé / volví a ...
Al año siguiente / Un año después ...	Puedes trabajar como/de ...

A. Escribe tu currículum vitae. Después, explícaselo a tu compañero.

CURRÍCULUM VITAE

DATOS PERSONALES

Nombre y apellidos: Dirección:
Fecha y lugar de nacimiento: Teléfono:
Estado civil: E-mail:

FORMACIÓN

EXPERIENCIA PROFESIONAL

IDIOMAS

OTROS

B. Ahora, tu compañero te va a explicar su currículum. Piensa qué trabajos son adecuados para él. Coméntaselo.

Acuerdos © Difusión, S.L.

CURRÍCULUM VITAE

Nací el ... de ... en ...	Hace un año / un mes / una semana ...
Estudié ... de ... a ... / Trabajé en ... hasta ...	En ... me trasladé / volví a ...
Al año siguiente / Un año después ...	Puedes trabajar como/de ...

A. Escribe tu currículum vitae. Después, explícaselo a tu compañero.

CURRÍCULUM VITAE

Datos personales

Nombre y apellidos:
Dirección:
Fecha y lugar de nacimiento:
Estado civil:
Teléfono: **E-mail:**

Formación

Experiencia profesional

Idiomas

Otros

B. Ahora, tu compañero te va a explicar su currículum. Piensa qué trabajos son adecuados para él. Coméntaselo.

FORMACIÓN Y EXPERIENCIA

¿Cuando empezó/terminó sus estudios?	Empezó a trabajar en 1998 ...
¿Dónde estudió?	Al año siguiente ...
¿Cuando empezó a trabajar?	En 2000 se convirtió en ...

A. Lee estos pequeños currículos de Luciana y Orlando y, después, explícaselos a tu compañero.

Luciana Pearl

Formación
- Licenciada en Económicas por la Universidad de Yale en 1990
- Master en Gestión de Empresas en la Universidad de Barcelona en 1992
- Master en Economía Agroalimentaria en la Universidad de París en 1995

Experiencia
- Directora de Contabilidad del Hipermercado Fros en Barcelona de 1993 a 1995
- Directora Comercial de la franquicia de restaurantes Bon Appetit en París de 1996 a 2000
- Directora de la cadena de comida rápida MacMicky en Nueva York desde 2001

Orlando Martín

Formación
- Titulado en el Conservatorio de Música de Oviedo 1994
- Licenciado en Musicología por la Universidad de Oviedo en 1995
- Alumno personal del famoso saxofonista Tim Collins desde 1996 hasta 1999 en Londres

Experiencia
- Saxofonista del grupo londinense XY de 1997 a 2002
- Saxofonista del grupo Jusion&Fazz desde 2002 en Roma

B. Pregunta a tu compañero la información de estas dos personas y completa el cuadro.

	FORMACIÓN	AÑOS	LUGAR	EXPERIENCIA	AÑOS	LUGAR
Antonio Tena						
Juana Banetti						

FORMACIÓN Y EXPERIENCIA

¿Cuando empezó/terminó sus estudios?　　Empezó a trabajar en 1998 ...

¿Dónde estudió?　　Al año siguiente ...

¿Cuando empezó a trabajar?　　En 2000 se convirtió en ...

A. Pregunta a tu compañero la información de estas dos personas y completa el cuadro.

	FORMACIÓN	AÑOS	LUGAR	EXPERIENCIA	AÑOS	LUGAR
Luciana Pearl						
Orlando Martín						

B. Lee estos pequeños currículos de Antonio y Juana y, después, explícaselos a tu compañero.

Antonio Tena

Formación
- Diplomado en Enfermería por la Universidad de Santiago de Compostela en 2000
- Curso de Geriatría en la Universidad Internacional Menéndez Pelayo de Santander en 2001

Experiencia
- Auxiliar de enfermería en el Geriátrico de Santa Ana en Madrid desde 2001 hasta 2002
- Enfermero del Hospital Juan Canalejo de A Coruña desde 2002.

Juana Banetti

Formación
- Licenciada en Ciencias de la Información por la Universidad de Buenos Aires en 1992
- Licenciada en Ciencias Políticas por la Universidad de Santiago de Chile en 2001
- Titulada en árabe por la Escuela Oficial de Idiomas de Santiago de Chile en 2001

Experiencia
- Corresponsal del periódico Clarín en Santiago de Chile desde 1993 hasta 2001
- Corresponsal del periódico La Palabra en El Cairo desde 2001

RECURSOS HUMANOS

Para mí, el jefe ideal es una persona ...	¿Te gusta ...?
Yo creo que el jefe ideal tiene que ser/	¿Qué haces cuando ...?
comportarse/transmitir ...	¿Cómo te llevas con ...?

A. ¿Cómo crees que tiene que ser el jefe ideal? Escríbelo en el recuadro.

El jefe ideal

B. Escribe las preguntas de este test y, luego, házselo a tu compañero para ver si responde a las características de jefe ideal.

1
a. Siempre.
b. A menudo.
c. Nunca.

5
a. Me gusta trabajar con gente.
b. Me da igual.
c. Me gusta trabajar solo.

2
a. Me llevo muy bien con todos.
b. Ni bien ni mal, la verdad.
c. Me llevo mal con la mayoría.

6
a. Me caen bien todos.
b. No me caen ni bien ni mal.
c. Casi todos me caen mal.

3
a. Sí.
b. A veces.
c. No.

7
a. Lo que hago es tomarme una tila.
b. Salgo a pasear un rato.
c. Grito a mis empleados.

4
a. Sí, me gusta mucho.
b. Me da igual.
c. No, no me gusta nada.

8
a. Soy estricto/a.
b. Soy organizado/a.
c. Soy flexible.

RECURSOS HUMANOS

Para mí, el jefe ideal es una persona ...	¿Te gusta ...?
Yo creo que el jefe ideal tiene que ser/	¿Qué haces cuando ...?
comportarse/transmitir ...	¿Cómo te llevas con ...?

A. ¿Cómo crees que tiene que ser el empleado ideal? Escríbelo en el recuadro.

El empleado ideal

B. Escribe las preguntas de este test y, luego, házselo a tu compañero para ver si responde a las características de empleado ideal.

1 _____
   a. Me gusta escuchar.
   b. Me gusta analizar.
   c. Me gusta opinar.

5 _____
   a. Me gustan mucho.
   b. Me gustan.
   c. No me gustan nada.

2 _____
   a. Me llevo bien con todos.
   b. Me llevo bien con algunos.
   c. Me llevo mal con casi todos.

6 _____
   a. Me cae bien.
   b. No hablo mucho con él.
   c. Me cae bastante mal.

3 _____
   a. Sí, siempre.
   b. A veces.
   c. No, nunca.

7 _____
   a. Soy tranquilo/a.
   b. Soy rápido/a.
   c. Soy muy competitivo/a.

4 _____
   a. Siempre.
   b. A menudo.
   c. Nunca.

8 _____
   a. Lo que hago es seguir trabajando.
   b. Paro un rato.
   c. Me voy a casa.

ESTRATEGIAS DE PERSONAL

La estrategia ... es / consiste en ...	Pues yo (no) estoy de acuerdo ...
Pienso que ... / A mí me parece que ...	Yo también/tampoco.
Según ... / En mi opinión ...	Lo que pasa / El problema es que ...
Para mí ... es indispensable.	La mejor/peor es ...

A. Tu compañero y tú trabajáis en una asesoría profesional. Un cliente quiere que le diseñéis una estrategia de gestión de personal. Explícale a tu compañero tus dos estrategias y escucha las suyas.

CARACTERÍSTICAS DEL CLIENTE

– Banco a través de Internet con sede en Barcelona y 40 empleados.
– Ha crecido muy rápido y no están claras las responsabilidades de cada uno ni la jerarquía.
– Quiere expandirse en el mercado.

Benchmarking

Analizar a las mejores compañías del mismo tipo. Copiar sus estrategias.

Bueno para pequeñas empresas. Se reducen errores.

Problemas éticos: conseguir información de otras empresas.

Inteligencia emocional

Más importantes las competencias emocionales que los conocimientos técnicos y la inteligencia. Organizar al personal según este principio.

Bueno para organizaciones flexibles y poco jerarquizadas.

Dificultad para valorar competencias emocionales.

B. Ahora, entre los dos, cread una estrategia que se adapte perfectamente a las necesidades del cliente.

ESTRATEGIAS DE PERSONAL

La estrategia ... es / consiste en ...	Pues yo (no) estoy de acuerdo ...
Pienso que... / A mí me parece que ...	Yo también/tampoco.
Según ... / En mi opinión ...	Lo que pasa / El problema es que ...
Para mí ... es indispensable.	La mejor/peor es ...

A. Tu compañero y tú trabajáis en una asesoría profesional. Un cliente quiere que le diseñéis una estrategia de gestión de personal. Explícale a tu compañero tus dos estrategias y escucha las suyas.

CARACTERÍSTICAS DEL CLIENTE

- Banco a través de Internet con sede en Barcelona y 40 empleados.
- Ha crecido muy rápido y no están claras las responsabilidades de cada uno ni la jerarquía.
- Quiere expandirse en el mercado.

Gestión por competencias

Valoración de la iniciativa de los empleados y de su capacidad para asumir riesgos, no solo de sus conocimientos.

Bueno para empresas donde los empleados pueden tomar decisiones.

Malo para empresas muy jerarquizadas, con resistencias al cambio o con actividades mecanizadas.

Cuadro de mando integral

Creación de un equipo de ejecutivos de diversas áreas. Fijación de estrategias globales de actuación. Muy importante: los objetivos tienen que llegar a los empleados. Éstos pueden hacer sugerencias. Mejorar la comunicación interna y la calidad del trabajo.

Bueno para empresas orientadas al cliente.

Indispensable la participación de toda la plantilla. Necesaria una cultura basada en la comunicación.

B. Ahora, entre los dos, cread una estrategia que se adapte perfectamente a las necesidades del cliente.

CONSEJOS

Yo hablaría con ...	Yo (no) haría ...
Yo, en tu lugar, dejaría ...	Yo que tú cambiaría de ...

A. Tu compañero y tú trabajáis como consultores laborales en un periódico. Habéis recibido el siguiente problema, pero tu compañero está de vacaciones. Escribe tú la respuesta. Después, cuando tu compañero vuelva de vacaciones, compárala con la suya.

Consultorio
laboral

Mi jefe es muy centralizador y no me da nada de autonomía. Interfiere en todo lo que hago; coge documentos de mi mesa sin preguntar, cambia cosas en mis proyectos sin decir nada y lee mis correos electrónicos sin pedir permiso. Al principio, pensé que era porque era nueva en la empresa, pero han pasado diez meses y todo sigue igual.

B. Ahora, piensa en tu auténtico trabajo y plantéale a tu compañero algún problema laboral que tengas. Después, dáselo para que escriba su consejo.

Problema

Consejo

CONSEJOS

Yo hablaría con ...

Yo, en tu lugar, dejaría ...

Yo (no) haría ...

Yo que tú cambiaría de ...

A. Tu compañero y tú trabajáis como consultores laborales en un periódico. Habéis recibido el siguiente problema, pero tú estabas de vacaciones y él escribió la respuesta. Ahora has vuelto de vacaciones y en la redacción del periódico te han dicho que se ha perdido la carta con la consulta. A partir de la respuesta de tu compañero, ¿puedes reconstruirla?

Consultorio laboral

Tener una buena relación con el jefe es fundamental para estar a gusto en el trabajo. Si esta relación no es buena es importante resolverla lo antes posible. Yo que tú hablaría con tu jefe e intentaría resolverlo mediante el diálogo. Le explicaría que necesitas más autonomía y confianza para desempeñar tu trabajo de manera efectiva. Pídele también un poco más de privacidad y autonomía. Hazle ver que coger documentos de tu mesa, cambiar cosas de tus proyectos y leer tus e-mails sin permiso afecta a tu confianza y a tu trabajo. Suerte.

B. Ahora, piensa en tu auténtico trabajo y plantéale a tu compañero algún problema laboral que tengas. Después, dáselo para que escriba su consejo.

Problema

Consejo

Acuerdos © Difusión, S.L.

TURISMO

En una gran ciudad / En el campo hay ...	(No) Me gusta / aburre / pone nervioso /
Odio / No soporto...	apasiona / interesa ...
Lo que más me divierte/molesta es ...	Yo prefiero el turismo ... porque ...

Piensa en las ventajas y en los inconvenientes del turismo rural, escríbelo en las cajas y después coméntaselo a tu compañero. Tu compañero va a hacer lo mismo con el turismo urbano. ¿Qué tipo de turismo prefieres? Coméntaselo.

Turismo rural

Alojamiento

Ventajas	Inconvenientes

Cultura

Ventajas	Inconvenientes

Comidas

Ventajas	Inconvenientes

Descanso

Ventajas	Inconvenientes

Compras

Ventajas	Inconvenientes

Ocio

Ventajas	Inconvenientes

TURISMO

En una gran ciudad / En el campo hay ...

Odio / No soporto...

Lo que más me divierte/molesta es ...

(No) Me gusta / aburre / pone nervioso / apasiona / interesa ...

Yo prefiero el turismo ... porque ...

Piensa en las ventajas y en los inconvenientes del turismo en una gran ciudad, escríbelo en las cajas y después coméntaselo a tu compañero. Tu compañero va a hacer lo mismo con el turismo rural. ¿Qué tipo de turismo prefieres? Coméntaselo.

Turismo urbano

Alojamiento

Ventajas	Inconvenientes

Cultura

Ventajas	Inconvenientes

Comidas

Ventajas	Inconvenientes

Descanso

Ventajas	Inconvenientes

Compras

Ventajas	Inconvenientes

Ocio

Ventajas	Inconvenientes

DE VIAJE

> ¿Cuál es el lugar más ... que has visitado? ¿Dónde te alojaste?
>
> ¿Has estado alguna vez en ...? El lugar más ... que he visitado es ...
>
> ¿Qué es lo que más te gustó? Yo te recomendaría ir a ... porque ...

A. Tu compañero quiere irse de viaje pero no sabe adónde. Tú tienes que recomendarle un destino teniendo en cuenta los viajes que ha hecho y lo que le gustó, o no, de ellos. Primero, hazle las preguntas necesarias y completa la ficha.

Países visitados: _____

El más bonito: _____ El más interesante: _____

El más emocionante: _____ El país donde se come mejor: _____

El más caro: _____ Tipo de alojamiento preferido: _____

El más divertido: _____ Actividades favoritas: _____

El más aburrido: _____ Medio de transporte preferido: _____

B. ¿Cuál de estos viajes le recomendarías a tu compañero? ¿Por qué?

Cuba la magia

Conozca la inagotable magia de esta isla, su gente acogedora y vitalista, su música, sus paisajes. Diez días entre La Habana y Santiago. Alojamiento en casas particulares. Transporte local.

Portugal

Tierra de contrastes

Un viaje de ensueño para descubrir los tesoros que esconde Portugal. Tres días en Lisboa, la ciudad de las siete colinas. Un día para conocer Sintra y sus palacios y las playas de Cascais y Estoril. Tres días también para visitar el Algarve con paradas en Faro (con su muralla medieval), Lagos y Monchique. Alojamiento en hoteles y desplazamientos en tren.

AUSTRALIA
EL PARAÍSO ENCONTRADO

Un viaje único: tres semanas recorriendo la tierra de los canguros en un 4 x 4. Llegada en avión a la espectacular Uluru (Ayers Rock), tierra de los aborígenes. Salida tres días después. Destinos: Melbourne, Sydney y Perth. Alojamiento en hoteles.

Acuerdos © Difusión, S.L.

DE VIAJE

¿Cuál es el lugar más ... que has visitado?	¿Dónde te alojaste?
¿Has estado alguna vez en ...?	El lugar más ... que he visitado es ...
¿Qué es lo que más te gustó?	Yo te recomendaría ir a ... porque ...

A. Tu compañero quiere irse de viaje pero no sabe adónde. Tú tienes que recomendarle un destino teniendo en cuenta los viajes que ha hecho y lo que le gustó, o no, de ellos. Primero, hazle las preguntas necesarias y completa la ficha.

Países visitados: _____

El más bonito: _____ El más interesante: _____

El más emocionante: _____ El país donde se come mejor: _____

El más caro: _____ Tipo de alojamiento preferido: _____

El más divertido: _____ Actividades favoritas: _____

El más aburrido: _____ Medio de transporte preferido: _____

B. ¿Cuál de estos viajes le recomendarías a tu compañero? ¿Por qué?

BRASIL

Descubra la belleza incomparable de Río de Janeiro, la modernidad de Brasilia, el ritmo y la gente de Salvador y las espectaculares playas de Fortaleza en un inolvidable viaje de 12 días. Alojamiento en hoteles de lujo y desplazamientos en avión (primera clase).

China

Esplendor imperial

Conozca China en 6 días.
Primera parada: Pequín (visitas a la Gran Muralla, al Templo del Cielo y a la famosa plaza de Tiananmen). De Pequín a Xian (visita de un día) y de Xian a Guilin, donde visitaremos la montaña de la Luna. Travesía en barco de Guilin a Yangshou a través del río Lijiang. Última parada: la espectacular metrópolis de Hong Kong. Incluye guía. Alojamiento en hoteles de 3 estrellas.

Tailandia

La aventura de las montañas

Una semana de trekking intenso en el Himalaya, tres días en Bangkok (con sus mercados flotantes y sus templos y palacios) y dos días en la isla de Phuket, conocida como "la perla del Sur". Grupo reducido: máx. 10 personas. Alojamiento en tiendas de campaña, excepto en Bangkok (albergue). Guías incluidos.

INVENTOS

Antes (la mayoría de) la gente / todo el mundo ...	Hace muchos años ...
A principios del siglo XX ...	La gente ha dejado de ... / ya no ...
	Antes se solía ...

Elige cinco de estos objetos o cosas y escribe una frase que refleje cómo estos inventos han cambiado la vida de la gente. Léeselas a tu compañero. Él tendrá que adivinar de qué invento se trata.

El coche

Internet

El frigorífico

Los zapatos

El vídeo

El papel

El fuego

El bolígrafo

El jabón

La televisión

El dinero

El tenedor

1.

2.

3.

4.

5.

INVENTOS

Antes (la mayoría de) la gente / todo el mundo ...	Hace muchos años ...
A principios del siglo XX ...	La gente ha dejado de ... / ya no ...
	Antes se solía ...

Elige cinco de estos objetos o cosas y escribe una frase que refleje cómo estos inventos han cambiado la vida de la gente. Léeselas a tu compañero. Él tendrá que adivinar de qué invento se trata.

El periódico

La tarjeta de crédito

El rascacielos

El plástico

Las gafas

La calefacción

El ordenador

El teléfono

El avión

La rueda

La aspirina

El mando a distancia

1.

2.

3.

4.

5.

Acuerdos © Difusión, S.L.

NUEVOS MODELOS

Antes eran más lentos.	Antes tenían menos capacidad.
Ahora son más rápidos.	Ahora tienen más prestaciones.

A. Trabajas en una empresa que fabrica ordenadores. Vais a lanzar una nueva generación de ordenadores al mercado. Piensa en cinco características positivas que tienen los nuevos ordenadores en comparación con los anteriores. Tu compañero es un cliente. Explícale por qué los nuevos productos son mejores que los de antes.

antes

ahora

B. Tu compañero trabaja en una empresa que fabrica coches. Su empresa va a lanzar una nueva generación de automóviles al mercado. Él te va a explicar por qué los nuevos modelos son mejores que los de antes. Tú eres un cliente. Di dos inconvenientes que encuentras a los nuevos productos en comparación con los viejos.

NUEVOS MODELOS

Antes eran más lentos.

Ahora son más rápidos.

Antes tenían menos capacidad.

Ahora tienen más prestaciones.

A. Trabajas en una empresa que fabrica coches. Tu empresa va a lanzar una nueva generación de automóviles al mercado. Piensa en cinco características positivas que tienen los nuevos modelos en comparación con los anteriores. Tu compañero es un cliente. Explícale por qué los nuevos modelos son mejores que los de antes.

antes

ahora

B. Tu compañero trabaja en una empresa que fabrica ordenadores. Su empresa va a lanzar una nueva generación de ordenadores al mercado. Él te va a explicar por qué los nuevos productos son mejores que los de antes. Tú eres un cliente. Di dos inconvenientes que encuentras a los nuevos productos en comparación con los anteriores.

EVOLUCIÓN DE UNA EMPRESA

Cuando murió el propietario ...	En 2000 ...
Al poco tiempo ...	Unos años después ...

Ésta es la historia de la empresa Aceites Cano. Los dos tenéis el principio de la historia. Primero, completa la parte que no tienes y después pregúntale a tu compañero si lo que has escrito es correcto. Luego, terminad la historia entre los dos.

La empresa Aceites Cano nació hace 20 años en el corazón de Andalucía. Empezó como una pequeña empresa familiar, con solo 8 trabajadores. El propietario, José María Cano, y dos de sus hijos compraban las aceitunas a los agricultores de la zona y empezaban después el proceso de extracción del aceite en una pequeña fábrica construida cerca de la finca familiar.

La dieta mediterránea se ponía de moda y los hermanos Cano se especializaron en la venta de aceite extra virgen, el de mejor calidad.
Aprovecharon la situación para dar el salto fuera de España. Abrieron fábricas en Francia, Italia y Alemania.

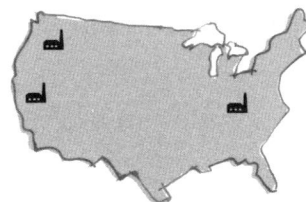

Al poco tiempo se instalaron también en Estados Unidos. La empresa creció y se expandió muy rápidamente en esos años.

EVOLUCIÓN DE UNA EMPRESA

Cuando murió el propietario ...	En 2000 ...
Al poco tiempo ...	Unos años después ...

Ésta es la historia de la empresa Aceites Cano. Los dos tenéis el principio de la historia. Primero, completa la parte que no tienes y después pregúntale a tu compañero si lo que has escrito es correcto. Luego, terminad la historia entre los dos.

La empresa Aceites Cano nació hace 20 años en el corazón de Andalucía. Empezó como una pequeña empresa familiar, con solo 8 trabajadores. El propietario, José María Cano, y dos de sus hijos compraban las aceitunas a los agricultores de la zona y empezaban después el proceso de extracción del aceite en una pequeña fábrica construida cerca de la finca familiar.

El dueño de Aceites Cano murió en 1999, a los 53 años de edad, tras una larga enfermedad.

Sus herederos se hicieron cargo de la empresa. Durante varios años invirtieron las ganancias en modernizar la fábrica.

Al cabo de un par de años, empezaron a expandir el negocio familiar. En aquella época abrieron tres nuevas fábricas en Andalucía.

DIFERENCIAS CULTURALES

En ... se habla/n un/dos/... idioma/s.

La mayoría de la gente es de raza blanca/

   negra/...

En ... (casi) todo el mundo ...

Muchos / Algunos / Casi nadie ...

En ... mientras que en ...

A. Elige un país extranjero que conozcas bien y completa el cuadro.

PAÍS: _____

Información general

Idioma/s hablado/s: _____

Religión mayoritaria: _____

Razas y etnias: _____

Sociedad

Calidad de vida: _____

Actividades culturales preferidas: _____

Destinos turísticos más habituales: _____

Deporte más popular: _____

Preferencias musicales: _____

Trabajo

Horario laboral: _____

Forma de vestir: _____

Trato entre compañeros: _____

B. Ahora comenta con tu compañero las diferencias entre el país que tú has elegido y el que ha elegido él.

DIFERENCIAS CULTURALES

En ... se habla/n un/dos/... idioma/s.

La mayoría de la gente es de raza blanca/ negra/...

En ... (casi) todo el mundo ...

Muchos / Algunos / Casi nadie ...

En ... mientras que en ...

A. Elige un país extranjero que conozcas bien y completa el cuadro.

PAÍS: _____

Información general

Idioma/s hablado/s: ....

Religión mayoritaria: ....

Razas y etnias: ....

Sociedad

Calidad de vida: ....

Actividades culturales preferidas: ....

Destinos turísticos más habituales: ....

Deporte más popular: ....

Preferencias musicales: ....

Trabajo

Horario laboral: ....

Forma de vestir: ....

Trato entre compañeros: ....

B. Ahora comenta con tu compañero las diferencias entre el país que tú has elegido y el que ha elegido él.

SALUD Y ORDENADORES

¿Qué te duele? / ¿Qué te pasa?

Me duele la espalda.

Tengo los ojos irritados.

Haz estiramientos.

Pon el monitor más alto.

Acerca la silla a la mesa.

A. ¿Pasas muchas horas delante del ordenador? Marca con una cruz si tienes o si has tenido alguna de estas molestias.

- Dolor de cabeza
- Dolor de cuello
- Ojos irritados
- Dolor de espalda
- Dolor de hombros
- Molestias en las muñecas
- Temblor en los dedos
- Dolor en el brazo
- Tensión en general

B. Explícale a tu compañero las molestias que tienes o que has tenido. Él te recomendará algunos ejercicios.

C. Ahora, tu compañero te dirá qué molestias tiene él. Mira en el gráfico cuál es la postura ideal frente al ordenador y explícale cómo tiene que sentarse.

El monitor debe estar a una distancia no inferior a los 16 cm ni superior a los 28 cm de los ojos.

La parte superior del monitor debe estar a la altura de los ojos.

Mirar el monitor con la cabeza derecha y el mentón hacia dentro.

Tener las manos a la altura del codo, sin apoyar los brazos, y manteniendo los hombros relajados.

Apoyar la espalda en la silla.

Doblar las rodillas en un ángulo de 90°.

Doblar las caderas en un ángulo de 90° o mayor.

Apoyar los pies en el suelo.

Acuerdos © Difusión, S.L.

SALUD Y ORDENADORES

¿Qué te duele? / ¿Qué te pasa?	Haz estiramientos.
Me duele la espalda.	Pon el monitor más alto.
Tengo los ojos irritados.	Acerca la silla a la mesa.

A. ¿Pasas muchas horas delante del ordenador? Marca con una cruz si tienes o si has tenido alguna de estas molestias.

❑ Dolor de cabeza   ❑ Dolor de espalda   ❑ Temblor en los dedos

❑ Dolor de cuello   ❑ Dolor de hombros   ❑ Dolor en el brazo

❑ Ojos irritados   ❑ Molestias en las muñecas   ❑ Tensión en general

B. Tu compañero te dirá qué molestias tiene o ha tenido. Lee estos textos y recomiéndale algún ejercicio.

Ojos
• Cerrar los ojos fuertemente durante un segundo y luego abrirlos bien. Repetir varias veces.
• Fijar por un momento la vista en un objeto que se encuentre a cinco metros de distancia.

Espalda y cintura
• Con las manos sobre la cintura y los pies separados uno de otro a una distancia equivalente a los hombros, llevar las caderas lentamente hacia delante y los hombros un poco hacia atrás. Mantener la postura entre 5 y 10 segundos.

Cuello
• Girar la cabeza lentamente hacia un lado y permanecer así durante 10 segundos. Girar la cabeza hacia el otro lado y mantener. Repetir varias veces.
• Llevar lentamente la cabeza hacia un lado y permanecer así unos 10 segundos. Repetir varias veces.

Manos
• Extender y separar bien los dedos durante 10 segundos y luego cerrar el puño por diez segundos. Repetir varias veces.
• Juntar las manos y subirlas a la altura del mentón, con los dedos extendidos y separados.
• Bajar las manos lentamente y separarlas. Repetir varias veces.

Hombros
• Llevar los hombros hacia delante haciendo un movimiento circular. Luego hacer el mismo movimiento en sentido opuesto.

C. Ahora explícale a tu compañero qué molestias tienes tú. Él te explicará cómo tienes que sentarte frente al ordenador.

PLANES Y SUEÑOS

> Cuando consiga dinero, abriré una tienda. Y cuando vea que la competencia
> Cuando tenga beneficios, abriré dos más. aumenta, lo venderé todo.

A. ¿Conoces "El cuento de la lechera"? Léelo y completa las frases que faltan. Luego, compara tu versión con la de tu compañero.

El cuento de la lechera

Una lechera iba caminando feliz hacia el mercado con un cántaro de leche sobre su cabeza. A medida que se iba acercando al pueblo, su dicha aumentaba. ¿Por qué? Porque la lechera caminaba acompañada por sus pensamientos y en su mente imaginaba un hermoso futuro.

"Sí -pensaba-. Cuando llegue al mercado encontraré enseguida comprador para esta riquísima leche. Y ha de pagármela a buen precio, que bien lo vale. En cuanto _____, allí mismo compraré un canasto de huevos. Lo llevaré a mi cabaña y de ese montón de huevos, lograré sacar, ya hacia el verano, cien pollos por lo menos. Una vez que tenga mis cien pollos, volveré al mercado. Y cuando _____, me compraré un cerdo. Sí, un cerdo no muy grande, un lechoncito rosado. ¡Ya me encargaré yo de alimentarlo con bellotas y castañas! Crecerá y se pondrá gordo. Y cuando _____, lo llevaré al mercado. Ese cerdo magnífico bien valdrá un buen dinero. En cuanto me paguen, me compraré una vaca. ¡Una vaca y... un ternero! ¡Ah, qué gusto ver al ternerito saltar en mi cabaña!"

Y al imaginarse esto, rió alegremente a tiempo que daba un salto. ¡Ay, cuánta desdicha siguió a su alegría! Al dar el salto, cayó de su cabeza el cántaro y se rompió en mil pedazos. La pobre lechera miró desolada cómo la tierra tragaba la leche. Ya no habría pollos, ni cerdo, ni vaca, ni ternero. Todas sus ilusiones se habían perdido para siempre, junto con el cántaro roto y la leche derramada por el camino.

(texto adaptado de la fábula de J.M. Samaniego)

B. Ahora, tú eres el comerciante. Elige un tipo de establecimiento (una librería, una tienda de ropa, un estanco, una verdulería, etc.) y, siguiendo la estructura del texto, piensa en cómo desarrollarías tu negocio. Cuéntaselo a tu compañero. Él tendrá que decidir si eres realista o si te pareces a la lechera del cuento.

PLANES Y SUEÑOS

Cuando consiga dinero, abriré una tienda.   Y cuando vea que la competencia
Cuando tenga beneficios, abriré dos más.   aumenta, lo venderé todo.

A. ¿Conoces "El cuento de la lechera"? Léelo y completa las frases que faltan. Luego, compara tu versión con la de tu compañero.

El cuento de la lechera

Una lechera iba caminando feliz hacia el mercado con un cántaro de leche sobre su cabeza. A medida que se iba acercando al pueblo, su dicha aumentaba. ¿Por qué? Porque la lechera caminaba acompañada por sus pensamientos y en su mente imaginaba un hermoso futuro.

"Sí -pensaba-. Cuando _____, encontraré enseguida comprador para esta riquísima leche. Y ha de pagármela a buen precio, que bien lo vale. En cuanto me pague, allí mismo compraré un canasto de huevos. Lo llevaré a mi cabaña y de ese montón de huevos, lograré sacar, ya hacia el verano, cien pollos por lo menos. Una vez que _____, volveré al mercado. Y cuando los venda, me compraré un cerdo. Sí, un cerdo no muy grande, un lechoncito rosado. ¡Ya me encargaré yo de alimentarlo con bellotas y castañas! Crecerá y se pondrá gordo. Y cuando crezca, lo llevaré al mercado. Ese cerdo magnífico bien valdrá un buen dinero. En cuanto _____, me compraré una vaca. ¡Una vaca y... un ternero! ¡Ah, qué gusto ver al ternerito saltar en mi cabaña!"

Y al imaginarse esto, rió alegremente a tiempo que daba un salto. ¡Ay, cuánta desdicha siguió a su alegría! Al dar el salto, cayó de su cabeza el cántaro y se rompió en mil pedazos. La pobre lechera miró desolada cómo la tierra tragaba la leche. Ya no habría pollos, ni cerdo, ni vaca, ni ternero. Todas sus ilusiones se habían perdido para siempre, junto con el cántaro roto y la leche derramada por el camino.

(texto adaptado de la fábula de J.M. Samaniego)

B. Ahora, tú eres el comerciante. Elige un tipo de establecimiento (una librería, una tienda de ropa, un estanco, una verdulería, etc.) y, siguiendo la estructura del texto, piensa en cómo desarrollarías tu negocio. Cuéntaselo a tu compañero. Él tendrá que decidir si eres realista o si te pareces a la lechera del cuento.

PREVISIONES

Yo creo que los bancos tendrán ...	Pues yo no estoy de acuerdo, porque
Las tabacaleras no serán ... porque ...	habrá ...

A. ¿Qué cosas crees que cambiarán dentro de diez años? Lee el siguiente test y señala la opción con la que estés más de acuerdo.

Dentro de 10 años...

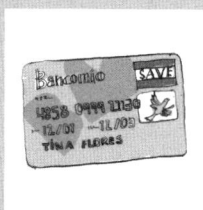

Banca
- ☐ Desaparecerán las sucursales y las oficinas bancarias.
- ☐ Solo existirán los bancos electrónicos y habrá muchos bancos solidarios o éticos.
- ☐ Las tarjetas de crédito sustituirán casi por completo al dinero en efectivo.

Agricultura
- ☐ La producción agrícola será muy baja.
- ☐ Solo existirán los productos modificados genéticamente.
- ☐ Todos los supermercados tendrán que ofrecer obligatoriamente productos biológicos.

Tabacaleras
- ☐ El tabaco seguirá siendo legal pero habrá manifestaciones en todo el mundo exigiendo que se convierta en una droga ilegal.
- ☐ La publicidad de tabaco estará prohibida en todo el mundo.
- ☐ Muchas empresas tabacaleras cerrarán porque no podrán hacer frente a las demandas de los consumidores.

Comercio electrónico
- ☐ El comercio electrónico provocará una crisis económica mundial.
- ☐ El 90% de las compras se realizarán a través de Internet.
- ☐ Las compras por Internet estarán prohibidas en algunos países.

B. Comenta con tu compañero tus opiniones sobre estos temas. Él te dirá si está de acuerdo contigo o no.

PREVISIONES

Yo creo que los bancos tendrán ...

Las tabacaleras no serán ... porque ...

Pues yo no estoy de acuerdo, porque habrá ...

A. ¿Qué cosas crees que cambiarán dentro de diez años? Lee el siguiente test y señala la opción con la que estés más de acuerdo.

Dentro de 10 años...

Energía
- Las energías alternativas sustituirán completamente a las energías tradicionales.
- Los coches funcionarán con gasolina de alcohol y/o con energía solar.
- Los usuarios de energía solar pagarán impuestos energéticos.

Industria
- La industria editorial dejará de comercializar libros en soporte papel.
- Las empresas multinacionales obligarán a sus trabajadores a realizar ejercicios de relajación, antes de empezar la jornada laboral.
- Dejarán de existir los contratos fijos; solo habrá contratos temporales.

Medicina
- Un español ganará el Premio Nobel de Medicina.
- La clonación humana estará permitida en la mayoría de países.
- No habrá sanidad pública gratuita en ningún país europeo.

Prensa y televisión
- Existirá un canal común de televisión para todos los países de la Unión Europea
- Habrá muchos más periódicos electrónicos que periódicos en soporte papel.
- La televisión será totalmente interactiva.

B. Comenta con tu compañero tus opiniones sobre estos temas. Él te dirá si está de acuerdo contigo o no.

ANÉCDOTAS

Estaba esperando a ... cuando ...

Empezó a sonar la alarma y ...

Se habían equivocado ...

Alguien había ...

A. Aquí tienes una historia curiosa. Fíjate en las ilustraciones y completa los dos primeros cuadros. Para completar el tercer cuadro, pregúntale a tu compañero.

SITUACIÓN	ACONTECIMIENTOS	ACONTECIMIENTOS ANTERIORES
¿Dónde estaban? ¿Por qué? ¿Qué hacían?	¿Qué pasó?	¿Qué había pasado antes?
Luis y Lucía estaban...	*Llegaron los clientes y empezaron a hablar pero...*	

B. Aquí tienes una historia curiosa. Fíjate en la ilustración del tercer recuadro y explícale a tu compañero qué había pasado antes.

SITUACIÓN	ACONTECIMIENTOS	ACONTECIMIENTOS ANTERIORES
¿Dónde estaba? ¿Por qué? ¿Qué hacía?	¿Qué pasó?	¿Qué había pasado antes?
Matilda estaba escribiendo un informe en su despacho cuando...	*... de repente empezó a sonar la alarma de incendios. Evacuaron rápidamente el edificio y llegaron los bomberos.*	

ANÉCDOTAS

Estaba esperando a ... cuando ...

Empezó a sonar la alarma y ...

Se habían equivocado ...

Alguien había ...

A. Aquí tienes una historia curiosa. Fíjate en la ilustración del tercer recuadro y explícale a tu compañero qué había pasado antes.

SITUACIÓN

¿Dónde estaban? ¿Por qué? ¿Qué hacían?

Luis y Lucía estaban esperando a sus respectivos clientes en un restaurante porque tenían que discutir unos asuntos importantes.

ACONTECIMIENTOS

¿Qué pasó?

Llegaron los clientes y empezaron a hablar, pero pronto se dieron cuenta de que estaban hablando de cosas diferentes.

ACONTECIMIENTOS ANTERIORES

¿Qué había pasado antes?

B. Aquí tienes otra historia curiosa. Fíjate ahora en las ilustraciones y completa los dos primeros cuadros. Para completar el tercer cuadro, pregúntale a tu compañero.

SITUACIÓN

¿Dónde estaba? ¿Por qué? ¿Qué hacía?

Matilda estaba...

ACONTECIMIENTOS

¿Qué pasó?

... de repente...

ACONTECIMIENTOS ANTERIORES

¿Qué había pasado antes?

BOLETÍN DE NOTICIAS

Este mes hemos asistido a ...	Por una parte ... Y por otra ...
El día 9 acabó la Feria. Fue ...	Así pues ... / Así que ...
Del 11 al 14 se celebró ...	Por último, cabe señalar que ...

A. Tú y tu compañero trabajáis en el Departamento de Comunicación de una multinacional y cada mes enviáis por e-mail un boletín interno de noticias. Mira el tablón que está colgado al lado de tu despacho, explícale lo que ha pasado durante este mes y toma notas de lo que él te comenta.

TABLÓN DE NOTICIAS

Ayer acabó la Feria Internacional (del 4 al 9). Gran stand (alquiler caro). Éxito total. 124 empresas presentes (44 más que el año anterior). Ventas espectaculares. Muchos contactos. Presentaciones interesantes de productos de la competencia (Ya nos lo habían comentado).

Mañana jueves día 14 instalaremos un nuevo sistema informático en todos los ordenadores de la empresa. Si tenéis dudas o problemas, contactad con Jaime Escobar (despacho 101).

¡¡Felicidades a Marta Navarro!! Ya sabéis que estaba embarazada, pero ahora ¡ya es mamá! A partir de mañana miércoles (día 20), Teresa Delgado cubre su baja por maternidad.

B. Ahora, escribe el boletín con la información que tienes y con la que te ha dado tu compañero.

Archivo   Edición   Ver   Mensaje   Formato   Herramientas   Ventana   Ayuda   16:28

Enviar ahora   Enviar más tarde   Guardar como borrador   Añadir archivos adjuntos   Firma   Contactos   Comprobar nombres

BOLETÍN MENSUAL
Estimados/as trabajadores/as:

Un año más la Feria Internacional fue un éxito. Nuestra empresa participó con un gran stand y cabe señalar que...

BOLETÍN DE NOTICIAS

Este mes hemos asistido a ...	Por una parte ... Y por otra ...
El día 9 acabó la Feria. Fue ...	Así pues ... / Así que ...
Del 11 al 14 se celebró ...	Por último, cabe señalar que ...

A. Tú y tu compañero trabajáis en el Departamento de Comunicación de una multinacional y cada mes enviáis por e-mail un boletín interno de noticias. Mira el tablón que está colgado al lado de tu despacho, explícale lo que ha pasado durante este mes y toma notas de lo que él te comenta.

TABLÓN DE NOTICIAS

Mañana martes día 26 empieza el seminario sobre nuevas tecnologías. Ya sabéis que dura dos días y que vuestra presencia es obligatoria.

Éxito moderado de nuestra empresa en la tercera edición del Salón Empresarial (celebrado del 11 al 14 de este mes). Ningún stand (a diferencia del año anterior). Presentación de tres de nuestras novedades. Poca asistencia de público, pero mucho interés por parte de los asistentes.

Laura Tomillo es desde hoy la nueva subdirectora de Marketing de la empresa. Marta Vega, la anterior subdirectora, se ha trasladado a nuestras oficinas de Londres.

B. Ahora, escribe el boletín con la información que tienes y con la que te ha dado tu compañero.

Archivo Edición Ver Mensaje Formato Herramientas Ventana Ayuda   16:28

Enviar ahora Enviar más tarde Guardar como borrador Añadir archivos adjuntos Firma Contactos Comprobar nombres

BOLETÍN MENSUAL
Estimados/as trabajadores/as:

Un año más estuvimos presentes en el Salón Empresarial. Nuestra empresa no participó con un stand, pero...

ANUNCIOS DE TRABAJO

¿Cuando terminó sus estudios?	Hace 4 años empecé a trabajar en ...
¿Cuando empezó a trabajar en ...?	Desde ... hasta ..., estuve en ...
¿Había trabajado ya antes en ...?	Además, hablo inglés/francés/ruso/...

Te vas a presentar a una entrevista para este trabajo. Prepara el currículum que te vas a llevar a la entrevista. Tu compañero es el entrevistador. Responde a sus preguntas. ¿Cómo ha ido la entrevista? ¿Crees que te van a contratar?

CURRÍCULUM VITAE

Datos personales

EQUIPO PETROQUIMICO
busca
Director Comercial
para Latinoamérica

Se requiere:
- Conocimiento del sector.
- Edad: entre 25 y 45 años.
- Capacidad de relacionarse a alto nivel.
- Disponibilidad para viajar.

Ofrecemos:
- Posibilidades de promoción.
- Retribución a convenir.

Enviar CV al Apartado de Correos 90.876, 08098 Barcelona.

Estudios

Idiomas

Experiencia laboral

Otros

ANUNCIOS DE TRABAJO

¿Cuando terminó sus estudios?	Hace 4 años empecé a trabajar en ...
¿Cuando empezó a trabajar en ...?	Desde ... hasta ..., estuve en ...
¿Había trabajado ya antes en ...?	Además, hablo inglés/francés/ruso/...

Trabajas en el Departamento de Recursos Humanos de la empresa Equipo Petroquímico y tienes que entrevistar a tu compañero para el puesto de trabajo del anuncio. Prepara una lista de preguntas que consideres necesarias. Ten en cuenta lo que se pide en el anuncio y los otros requisitos que aparecen después. ¿Vas a contratarle?

EQUIPO PETROQUIMICO

busca

Director Comercial

para Latinoamérica

Se requiere:
- Conocimiento del sector.
- Edad: entre 25 y 45 años.
- Capacidad de relacionarse a alto nivel.
- Disponibilidad para viajar.

Ofrecemos:
- Posibilidades de promoción.
- Retribución a convenir.

Enviar CV al Apartado de Correos 90.876, 08098 Barcelona.

Nombre

Conocimiento de la realidad social y económica de Latinoamérica

Alto nivel de portugués

Conocimiento del sector petroquímico en Latinoamérica

Salario no superior a 30.000 euros anuales

Experiencia de 2 años como mínimo en un cargo similar.

☐ APTO   ☐ NO APTO

LA PÁGINA WEB

En la parte superior está/hay ...

En el centro / Arriba / Abajo / Al lado ...

Encima/Debajo ...

A la izquierda/derecha ...

En el margen izquierdo/derecho ...

Queremos que la página tenga ...

A. La empresa Creart le ha presentado a Bicicletas Aguilar dos propuestas de diseño de su página web. Con tu compañero, comparad las dos versiones. Cada uno tiene que describir su diseño detalladamente. Al final vais a decidir cuál os gusta más.

B. Ahora tenéis que escribir un e-mail al director de Creart explicando cuál de las dos versiones os ha gustado más y proponiendo modificaciones o sugerencias del diseño.

LA PÁGINA WEB

<table>
<tr><td>En la parte superior está/hay ...</td><td>A la izquierda/derecha ...</td></tr>
<tr><td>En el centro / Arriba / Abajo / Al lado ...</td><td>En el margen izquierdo/derecho ...</td></tr>
<tr><td>Encima/Debajo ...</td><td>Queremos que la página tenga ...</td></tr>
</table>

A. La empresa Creart le ha presentado a Bicicletas Aguilar dos propuestas de diseño de su página web. Con tu compañero, comparad las dos versiones. Cada uno tiene que describir su diseño detalladamente. Al final vais a decidir cuál os gusta más.

B. Ahora tenéis que escribir un e-mail al director de Creart explicando cuál de las dos versiones os ha gustado más y proponiendo modificaciones o sugerencias del diseño.

CUESTIONARIOS

Desde hace un mes / un año ...	Uso Internet desde que ...
Hace un año / mucho tiempo que ...	Te recomiendo/sugiero que ...

A. ¿Es tu compañero un adicto a Internet? Para descubrirlo, vas a formularle una serie de preguntas. Toma nota de sus respuestas.

¿ERES UN ADICTO A INTERNET?

1. ¿Cuánto hace que usas Internet?

2. ¿Cuántas horas al día estás conectado a Internet?

3. ¿Te conectas por la mañana, por la tarde o por la noche?

4. ¿Desde cuándo utilizas el correo electrónico?

5. ¿Cuánto hace que compras por Internet?

6. ¿Cuánto hace que chateas?

7. ¿Con qué frecuencia lees el periódico en Internet?

B. Teniendo en cuenta las respuestas de tu compañero, ¿cuál de estos proveedores de Internet le recomendarías? ¿Por qué?

▷Tutiline

La conexión es totalmente gratuita y se paga solo lo que se consume. Las conexiones se facturan como una llamada local o metropolitana: 0,70 euros/hora en horario de tarifa reducida (de 21:00 a 9:00) y 1,5 euros/hora en horario de tarifa normal (de 9:00 a 21:00).

cielo

Ofrece una tarifa plana con conexión gratuita por las noches y durante los fines de semana. Se puede acceder desde cualquier teléfono. **Precio/mes: 16 €**

CUESTIONARIOS

Desde hace un mes / un año ...	Uso Internet desde que ...
Hace un año / mucho tiempo que ...	Te recomiendo/sugiero que ...

A. ¿Es tu compañero un adicto a Internet? Para descubrirlo, vas a formularle una serie de preguntas. Toma nota de sus respuestas.

¿ERES UN ADICTO A INTERNET?

1. ¿Cuánto hace que usas Internet?

2. ¿Cuántas horas al día estás conectado a Internet?

3. ¿Te conectas por la mañana, por la tarde o por la noche?

4. ¿Desde cuándo utilizas el correo electrónico?

5. ¿Cuánto hace que compras por Internet?

6. ¿Cuánto hace que chateas?

7. ¿Con qué frecuencia lees el periódico en Internet?

B. Teniendo en cuenta las respuestas de tu compañero, ¿cuál de estos proveedores de Internet le recomendarías? ¿Por qué?

Wanayoo

Wanayoo: La tarifa plana básica incluye la conexión gratuita por las noches y durante los fines de semana a un precio de 15 €/mes.

Además, ofrecemos cinco cuentas de correo y 15 Mb para páginas personales.

Jezztul

Ofrece un paquete sin restricciones horarias por **60 €/mes** y **75€/mes** por la **alta del servicio y la instalación**. Incluye dos buzones de correo y **10 Mb** para páginas personales.

SUGERENCIAS

Prefiero que ...	Les rogamos que ...
Necesitamos que ...	Es fundamental que ...

A. Tu compañero y tú trabajáis en una productora de cine y estáis organizando la fiesta de Navidad de la empresa. Tened en cuenta que van a ir 120 personas y que tenéis un presupuesto máximo de 50 euros por cubierto. Cada uno de vosotros tiene un anuncio de un restaurante. Comparad la información y elegid uno de ellos.

El Port**ón**

Abierto de domingo a jueves, de 21.00 a 0.30 h.

Viernes, sábados y víspera de festivos de 22.00 a 3.00 h..

Situado en pleno centro de la ciudad.

Disponemos de las instalaciones adecuadas para que los banquetes, cócteles o reuniones de su empresa sean siempre un éxito.

Salón de banquetes, con capacidad para 100 personas.

Salas para reuniones y celebraciones con capacidad para 150 personas.

Terraza y jardín para celebraciones al aire libre.

Aparcamiento vigilado gratuito para 600 vehículos.

Escoja entre nuestros variados y exquisitos menús. Especialidad en pescados y mariscos.

Menú 1 (35 €) Aperitivos, sopa de pescado, pulpo a la gallega

Menú 2 (45 €) Entrantes (berberechos, navajas, angulas...), zarzuela

También ofrecemos menús degustación con los que podrá descubrir lo mejor de nuestra cocina. Los precios oscilan entre 42,20 y 80,90 € el cubierto.

El Port**ón**
C/ San Fernando, 23
28224 MADRID
Tel. 91 745 54 45
Fax 91 745 66 46
www.elporton.es

B. Ahora escribid un correo electrónico al lugar que habéis elegido solicitando los servicios y cambios que necesitéis y explicando vuestras preferencias.

Archivo Edición Ver Mensaje Formato Herramientas Ventana Ayuda   16:28

Enviar ahora   Enviar más tarde   Guardar como borrador   Añadir archivos adjuntos   Firma   Contactos   Comprobar nombres

SUGERENCIAS

Prefiero que ...	Les rogamos que ...
Necesitamos que ...	Es fundamental que ...

A. Tu compañero y tú trabajáis en una productora de cine y estáis organizando la fiesta de Navidad de la empresa. Tened en cuenta que van a ir 120 personas y que tenéis un presupuesto máximo de 50 euros por cubierto. Cada uno de vosotros tiene un anuncio de un restaurante. Comparad la información y elegid uno de ellos.

LA CABAÑA
BODEGA DE 1888   Ctra. de Palencia, 88

Disponemos de tres magníficos salones ubicados en una antigua bodega del siglo pasado. Los tres salones, en los que se pueden degustar nuestros maravillosos entrantes, tienen una capacidad para 130 personas.

Estamos en un lugar cómodo y elegante, a 15 km del centro de la ciudad, ideal para celebrar sus comidas de empresa, reuniones familiares, congresos, convenciones...

El precio de los menús oscila entre 30 y 42 euros por persona. Disponemos de una gran variedad de postres caseros y de una extensa bodega, con los mejores vinos de La Rioja, Navarra y la Toscana (Italia).

Menú 1 (30 €)
Entrantes, canelones de pato con salsa de manzana y ciruelas, rabo de toro

Menú 2 (36 €)
Entrantes, pochas, chuletón de buey

Menú 3 (42 €)
Entrantes, sopa de langosta, bacalao al pil-pil

Organizamos actuaciones en directo para sus celebraciones.

Abierto todos los días de 20.00 a 1.30 horas.

B. Ahora escribid un correo electrónico al lugar que habéis elegido solicitando los servicios y cambios que necesitéis y explicando vuestras preferencias.

| Archivo | Edición | Ver | Mensaje | Formato | Herramientas | Ventana | Ayuda | 16:28 |

Enviar ahora   Enviar más tarde   Guardar como borrador   Añadir archivos adjuntos   Firma   Contactos   Comprobar nombres

EL BUEN EMPRESARIO

Es imprescindible que un empresario ...	La cualidad que me falta es ...
Yo creo que tengo que mejorar ...	Tendría que hacer un curso que ...

A. ¿Qué cualidades crees que debe tener un buen empresario? Pon cada una de ellas en el lugar adecuado según tus preferencias. Después, compara tu lista con la de tu compañero e intentad llegar a una única solución.

	1	Es imprescindible que
	2	Es fundamental que
	3	Es muy importante que
	4	Es importante que
	5	No es fundamental que
	6	No es muy importante que
	7	No es importante que

Cualidades del empresario

A. Saber economía; B. No cometer errores; C. Tener buenas ideas; D. Conocer el mercado; E. Ser autoritario; F. Tener más de 10 años de experiencia en el sector; G. Saber hablar ruso.

B. Tú y tu compañero sois empresarios. ¿Cuáles de las anteriores cualidades crees que no tienes? Para mejorar tus aptitudes, quieres hacer un curso. ¿Cuál de éstos harías? ¿Por qué? Explícaselo a tu compañero.

Creatividad empresarial
24-29 julio

Inteligencia emocional
16-21 julio

Ruso para principiantes
2-30 julio

Dirección y presentación de proyectos
5-12 febrero

Acuerdos © Difusión, S.L.

EL BUEN EMPRESARIO

Es imprescindible que un empresario ...	La cualidad que me falta es ...
Yo creo que tengo que mejorar ...	Tendría que hacer un curso que ...

A. ¿Qué cualidades crees que debe tener un buen empresario? Pon cada una de ellas en el lugar adecuado según tus preferencias. Después, compara tu lista con la de tu compañero e intentad llegar a una única solución.

1 Es imprescindible que

2 Es fundamental que

3 Es muy importante que

4 Es importante que

5 No es fundamental que

6 No es muy importante que

7 No es importante que

Cualidades del empresario

A. Saber economía; B. No cometer errores; C. Tener buenas ideas; D. Conocer el mercado; E. Ser autoritario; F. Tener más de 10 años de experiencia en el sector; G. Saber hablar ruso.

B. Tú y tu compañero sois empresarios. ¿Cuáles de las anteriores cualidades crees que no tienes? Para mejorar tus aptitudes, quieres hacer un curso. ¿Cuál de éstos harías? ¿Por qué? Explícaselo a tu compañero.

El pasado y el futuro
de la pequeña y la mediana empresa
24-29 julio

Psicología empresarial
2-16 abril

Ruso
orientado al mundo del trabajo
1 octubre–30 noviembre

Técnicas para la comprensión del mercado:
marketing y publicidad
26-31 julio

CARTAS COMERCIALES

Estimado/a ... / Muy señores míos:	En cuanto a ...
Les rogamos que ...	Les garantizo que ...
Les agradecería que ...	Asimismo, ...

A. Eres el tesorero de Kova, una editorial especializada en la publicación de manuales de lenguas eslavas. La escuela Baltic House os debe 500 euros en concepto de material. Como son buenos clientes, no quieres presionarlos mucho, pero tu jefe te ha pedido que les escribas una carta reclamando el pago.

```
    Escuela Baltic House
      Via Augusta, 985
      08003 Barcelona


                              Madrid,    de      de
```

KOVA

Lenguas Eslavas
C/ Princesa, 225
28004 Madrid

B. Después de leer la carta de tu compañero, reuníos para llegar a una buena solución para los dos.

Acuerdos © Difusión, S.L.

CARTAS COMERCIALES

Estimado/a ... / Muy señores míos:	En cuanto a ...
Les rogamos que ...	Les garantizo que ...
Les agradecería que ...	Asimismo, ...

A. Trabajas en el Departamento de Compras de la escuela Baltic House. Debes 500 euros a la editorial Kova en concepto de material didáctico. Actualmente tenéis problemas de liquidez y tu jefe te ha pedido que les escribas una carta pidiendo una demora en el pago.

eBh Escuela Baltic House
Via Augusta, 985
08003 Barcelona

KOVA
Lenguas Eslavas
C/ Princesa, 225
28004 Madrid

Asunto:

Barcelona, de de

B. Después de leer la carta de tu compañero, reuníos para llegar a una buena solución para los dos.

NEGOCIACIONES

Propongo que ...	¿Y si ...?
Tenga en cuenta que ...	Le garantizo que ...

A. Trabajas en Socios School, una escuela de idiomas especializada en clases para ejecutivos. Tu compañero trabaja en el Departamento de Formación de SAAP, una empresa que necesita clases de varios idiomas para sus empleados. Teniendo en cuenta la siguiente información, negocia un acuerdo con tu compañero e intenta conseguir las mejores condiciones para tu empresa.

SOCIOS SCHOOL CURSOS

Gra Vía, 245
28024 Madrid
Tel: 91 747 52 74
Fax: 91 747 52 74

Pelayo ,17
08012 Barcelona
Tel: 93 747 52 74
Fax: 93 747 52 74

www.sociosschool.es

Clases individuales

Extensivos (12 semanas)

Duración del curso: 40 horas
Duración mínima por clase: 90 min.

Precio: inglés, francés, español e italiano
45 € a la semana

Otros idiomas: 50 € a la semana

Intensivos (2 semanas)

Duración del curso: 40 horas
10 sesiones de 4 horas (de lunes a viernes)

Precio: inglés, francés, español e italiano
300 € a la semana

Otros idiomas: 325 € a la semana

Clases en grupos

Extensivos (12 semanas)

Duración del curso: 40 horas / Máximo: 4 personas
Duración mínima por clase: 120 min.

Precio: inglés, francés, español e italiano
35 € a la semana

Otros idiomas: 40 € a la semana

Intensivos (4 semanas)

Duración del curso: 40 horas / Máximo: 4 personas
10 sesiones de 4 horas (de lunes a viernes)

Precio: inglés, francés, español e italiano
230 € a la semana

Otros idiomas: 250 € a la semana

Descuento máximo del 10% dependiendo de la cantidad de cursos contratados.
Todos los cursos se pagan por adelantado.
Si se cancela con menos de 3 días de antelación se cobrará el importe de la clase.

SOCIOS SCHOOL CURSOS

B. Ahora, escríbeles una carta para formalizar lo que habéis acordado.

Acuerdos © Difusión, S.L.

NEGOCIACIONES

Propongo que ...	¿Y si ...?
Tenga en cuenta que ...	Le garantizo que ...

A. Trabajas en el Departamento de Formación de SAAP, una empresa que necesita clases de varios idiomas para sus empleados. Tu compañero trabaja en Socios School, una escuela de idiomas especializada en clases para ejecutivos. Teniendo en cuenta la siguiente información, negocia un acuerdo con tu compañero e intenta conseguir las mejores condiciones para tu empresa.

Necesitas clases para un total de 20 personas: 7 de español, 5 de inglés, 4 de japonés, 4 de árabe.

1 persona de español y otra de inglés necesitan clases individuales.

Tienes un presupuesto de entre 8000 y 12 000 euros. No quieres pagar por adelantado.

Prefieres que los grupos no sean de más de dos personas.

Quieres que cada alumno o grupo de alumnos reciba como máximo una sesión de dos horas al día.

En caso de cancelación, tu empresa no pagará la clase si se cancela con más de 24 horas de antelación.

B. Ahora escríbeles una carta para formalizar lo que habéis acordado.

saap

Mallorca, 343
08903 Barcelona
tel.: 93 415 22 20
tel.: 93 415 22 21
www.saap.es
formacion@saap.es

Acuerdos © Difusión, S.L.

LA CAMPAÑA PUBLICITARIA

Habrá sido ...	Tal vez / Quizás los consumidores ...
A lo mejor el eslogan ...	Seguro que ...
Es posible que ...	Yo creo que hay que cambiar el eslogan.

A. Mira el siguiente póster de la campaña publicitaria del perfume Alquimia. La campaña no está teniendo la respuesta esperada. ¿A qué crees que puede deberse? Coméntale a tu compañero tus impresiones sobre los siguientes aspectos: público objetivo, eslogan, imágenes y diseño.

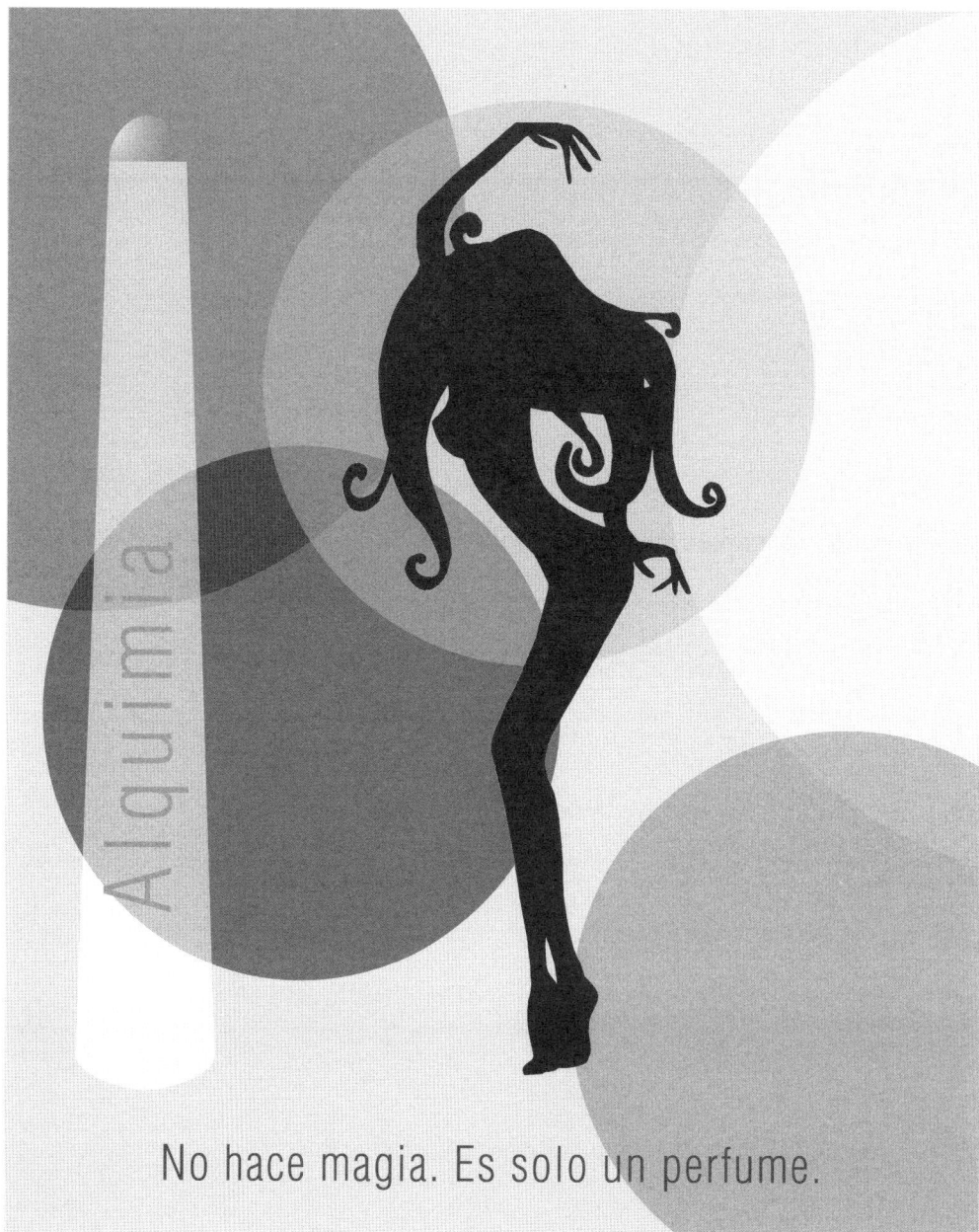

Alquimia

No hace magia. Es solo un perfume.

B. Teniendo en cuenta las conclusiones a las que habéis llegado, elaborad juntos un póster nuevo.

LA CAMPAÑA PUBLICITARIA

Habrá sido ...	Tal vez / Quizás los consumidores ...
A lo mejor el eslogan ...	Seguro que ...
Es posible que ...	Yo creo que hay que cambiar el eslogan.

A. Mira el siguiente póster de la campaña publicitaria del perfume Alquimia. La campaña no está teniendo la respuesta esperada. ¿A qué crees que puede deberse? Coméntale a tu compañero tus impresiones sobre los siguientes aspectos: público objetivo, eslogan, imágenes y diseño.

Alquimia

No hace magia. Es solo un perfume.

B. Teniendo en cuenta las conclusiones a las que habéis llegado, elaborad juntos un póster nuevo.

Acuerdos © Difusión, S.L.

ANUNCIOS

En mi opinión, este anuncio ...

(No) Me parece / (No) Considero / Opino que ...

Estoy de acuerdo / Desde luego / Por supuesto.

Puede ser / Depende, ... / Yo no diría ...

A. Aquí tienes cuatro anuncios. ¿Qué te parecen? ¿Prohibirías alguno? ¿Por qué? ¿En qué tipo de soporte crees que podrían estar estos anuncios: anuncios de televisión, cuñas de radio, folletos, vallas publicitarias, anuncios de prensa...? Discútelo con tu compañero.

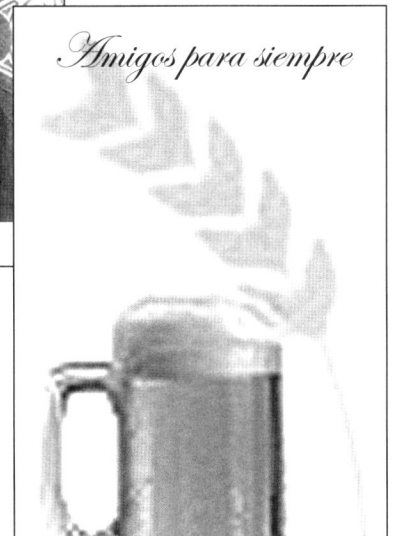

De polvo, **nada**

PURO PLACER

El que no corre, vuela

Amigos para siempre

B. Ahora podéis contrastar vuestras opiniones con la legislación europea sobre el tabaco.

DIARIO DE LA MAÑANA

No se podrá prohibir la publicidad del tabaco

Europa no podrá prohibir totalmente la publicidad del tabaco, aunque podrá ponerle ciertos límites, según el Tribunal de Luxemburgo. Esta sentencia viene a anular la directiva de 1998 que prohibía como norma general la publicidad directa o indirecta para el tabaco, autorizándola solo en los puntos de venta. La Comisión Europea también admitió alguna incoherencia en las políticas ligadas al tabaco: por una parte quiere limitar el consumo y por otra concede ayudas a los productores comunitarios por valor de 1.000 millones de euros al año. Respecto al sector del alcohol o el automóvil rápido, Bruselas no se plantea una medida similar, ya que la mortalidad que provocan es muy inferior.

La publicidad televisiva de tabaco está prohibida en todos los Estados miembros. Sin embargo, la publicidad cinematográfica, en prensa y carteles publicitarios esá prohibida solo en algunos países como Dinamarca, Portugal y Suecia. Respecto a la publicidad radiofónica, está prohibida en todos los Estados de la Unión salvo en España y Reino Unido, donde está limitada. Asimismo, el patrocinio de las tabacaleras está prohibido solo en Bélgica, Finlandia, Francia, Italia y Suecia.

Junio de 2001

Acuerdos © Difusión, S.L.

ANUNCIOS

En mi opinión, este anuncio ...

(No) Me parece / (No) Considero / Opino que ...

Estoy de acuerdo / Desde luego / Por supuesto.

Puede ser / Depende, ... / Yo no diría ...

A. Aquí tienes cuatro anuncios. ¿Qué te parecen? ¿Prohibirías alguno? ¿Por qué? ¿En qué tipo de soporte crees que podrían estar estos anuncios: anuncios de televisión, cuñas de radio, folletos, vallas publicitarias, anuncios de prensa...? Discútelo con tu compañero.

De polvo, nada

AMIGOS PARA SIEMPRE

El que no corre, vuela

PURO PLACER

B. Ahora podéis contrastar vuestras opiniones con la legislación europea sobre el tabaco.

DIARIO DE LA MAÑANA

No se podrá prohibir la publicidad del tabaco

Europa no podrá prohibir totalmente la publicidad del tabaco, aunque podrá ponerle ciertos límites, según el Tribunal de Luxemburgo. Esta sentencia viene a anular la directiva de 1998 que prohibía como norma general la publicidad directa o indirecta para el tabaco, autorizándola solo en los puntos de venta. La Comisión Europea también admitió alguna incoherencia en las políticas ligadas al tabaco: por una parte quiere limitar el consumo y por otra concede ayudas a los productores comunitarios por valor de 1.000 millones de euros al año. Respecto al sector del alcohol o el automóvil rápido, Bruselas no se plantea una medida similar, ya que la mortalidad que provocan es muy inferior.

La publicidad televisiva de tabaco está prohibida en todos los Estados miembros. Sin embargo, la publicidad cinematográfica, en prensa y carteles publicitarios esá prohibida solo en algunos países como Dinamarca, Portugal y Suecia. Respecto a la publicidad radiofónica, está prohibida en todos los Estados de la Unión salvo en España y Reino Unido, donde está limitada. Asimismo, el patrocinio de las tabacaleras está prohibido solo en Bélgica, Finlandia, Francia, Italia y Suecia.

Junio de 2001

ENTREVISTA

Me dijo que ...	Me preguntó qué / si / cómo ...
Le respondí/dije que ...	Reconoció / Me comentó / Me aseguró ...

A. Tú trabajas en una casa discográfica y tu compañero en otra. Los dos habéis recibido hoy la visita de Eduardo Arroyo, el manager de un artista que está buscando una discográfica que publique su disco. Completa el diálogo que habéis mantenido con tus intervenciones.

---

manager: Hola, buenos días.
tú: _____

manager: Mire, he venido para presentarle a Luchín, un cantante que todavía no tiene contrato profesional, pero que yo creo que puede tener éxito.
tú: _____

manager: Porque pienso que su discográfica es la que mejor se adapta al estilo musical de Luchín. Además, es mi preferida de toda la vida.
tú: _____

manager: Es una mezcla de música negra, flamenco y pop. Además, Luchín es un chico muy atractivo, mire las fotos... Estoy seguro de que va a tener mucho éxito entre la gente joven.
tú: _____

manager: En caso de que les interesara, ¿habría algún problema en que yo fuera el productor del disco? Es mi única condición.
tú: _____

manager: En ese caso, no creo que podamos llegar a un acuerdo, aunque todo se puede hablar.
tú: _____

manager: De acuerdo. Aquí tiene una copia de la maqueta. Pienso que cuanto antes la escuche mejor, porque, como comprenderá, estoy en contacto con otras compañías discográficas... Y hay algunas que están muy interesadas.
tú: _____

manager: Bueno, pues, hasta la semana que viene y muchas gracias por su tiempo.
tú: _____

B. Ahora explícale a tu compañero tu conversación con Eduardo Arroyo y compárala con la que ha mantenido tu compañero.

ENTREVISTA

Me dijo que ...	Me preguntó qué / si / cómo ...
Le respondí/dije que ...	Reconoció / Me comentó / Me aseguró ...

A. Tú trabajas en una casa discográfica y tu compañero en otra. Los dos habéis recibido hoy la visita de Eduardo Arroyo, el manager de un artista que está buscando una discográfica que publique su disco. Completa el diálogo que habéis mantenido con tus intervenciones.

manager: Hola buenos días.

tú: _____

manager: Bueno, estoy aquí para presentarle a Luchín. Luchín es el cantante del futuro. Estoy seguro de que va a triunfar. Y me encantaría que triunfase en vuestra casa discográfica.

tú: _____

manager: Porque pienso que vuestra discográfica es la que mejor se adapta al estilo musical de Luchín. Además, es mi preferida de toda la vida.

tú: _____

manager: Es básicamente flamenco y pop, aunque tiene algunos toques de reggae y de música oriental.

tú: _____

manager: Porque la maqueta que tenemos tiene temas muy buenos y muy comerciales también... Además, Luchín tiene una imagen muy elegante, mire estas fotos que le he traído... Estoy seguro de que tendría mucho éxito entre el público joven.

tú: _____
_____

manager: No, solo he hablado con ustedes. Digamos que son mi primera opción.

tú: _____

manager: De acuerdo. Aquí tiene una copia de la maqueta. Ya me dirá alguna cosa.

tú: _____

manager: Bueno, pues, muchas gracias por su tiempo y esperaré su llamada.
tú: _____

B. Ahora explícale a tu compañero tu conversación con Eduardo Arroyo y compárala con la que ha mantenido tu compañero.

LOS SEGUROS

¿Qué quiere decir ...?   Me han escrito que ...

Pues asegurador es ...   Pues resulta que la póliza ...

A. Escribe en las cajas a qué palabra corresponde cada una de las definiciones

Póliza

Cláusula obligatoria de la que depende la validez de un contrato.

Hecho cuyas consecuencias estén cubiertas por el contrato. Conjunto de daños derivados de un mismo hecho.

Condición

Siniestro

Posibilidad de un daño o pérdida como consecuencia de una actividad.

Conjunto de documentos en los que se recogen los datos y condiciones del contrato.

Riesgo

B. Has tenido un leve accidente con tu coche y le has tenido que cambiar una puerta. Has hecho una reclamación a tu seguro y has recibido esta respuesta. Cuéntaselo a tu compañero, pregúntale las palabras que no entiendas, y tratad, entre los dos, de entender qué es lo que ha pasado.

ave
Seguros de coches
c/ San Salvador, 3
28015 Madrid

Sr./Sra. _____ :

Con referencia al reclamo del día 3/12, permítame informarle de que el asegurado debe hacerse cargo de los daños por cuanto éstos son inferiores a la franquicia estipulada en la póliza.

Sin más, le saluda atentamente,

Marta Barrenechea

LOS SEGUROS

¿Qué quiere decir ...?   Me han escrito que ...

Pues asegurador es ...   Pues resulta que la póliza ...

A. Escribe en las cajas a qué palabra corresponde cada una de las definiciones

Indemnización

Cantidad de la que el asegurador no se hace cargo de producirse el siniestro.

Persona que ha contratado un seguro.

Franquicia

Asegurador

Empresa que garantiza a una persona o cosa, mediante el cobro de una prima, contra determinado accidente o pérdida.

Cantidad que el asegurador se compromente a pagar al asegurado en caso de comprobarse el siniestro

Asegurado

B. En tus últimas vacaciones has contratado un seguro de viajes. De regreso te han perdido el equipaje. Tú has hecho una reclamación al seguro y has recibido esta respuesta. Cuéntaselo a tu compañero, pregúntale las palabras que no entiendas, y tratad, entre los dos, de entender qué es lo que ha pasado.

Seguros Guarda

Sr./Sra. _____ :

Lamentamos informarle que los daños reportados no están definidos como siniestro en las condiciones de su póliza.

Reciba un cordial saludo.

Julián Centello
Director

PRESENTACIONES

Buenas tardes y bienvenidos.	Para terminar ...
Quisiera dar las gracias ...	Les agradecemos ...
Hoy voy a presentarles ...	Si tienen alguna pregunta ...

A. ¿Cuáles crees que son los tres aspectos más importantes para que una presentación en público tenga éxito? Discútelo con tu compañero y anotad vuestras conclusiones.

PRESENTACIONES

1.

2.

3.

- saber despertar el interés

- duración adecuada (ni muy larga ni muy corta)

- transmitir conocimiento del tema expuesto

- no defraudar las expectativas del público

- terminar con unas conclusiones claras y concretas

- saber contestar a cualquier duda del público

B. Elige uno de estos productos: una moto, un jarabe para la tos o un suavizante y prepara una presentación para tu compañero teniendo en cuenta el guión propuesto.

1. Dar la bienvenida

2. Presentarse y presentar el tema

3. Describir el producto en términos generales

4. Descripción más detallada: características, ventajas con respecto a otros productos parecidos

5. Final: breve resumen

6. Turno de preguntas

C. Escucha la presentación de tu compañero y toma notas sobre cómo podría mejorarla.

PRESENTACIONES

Buenas tardes y bienvenidos.	Para terminar ...
Quisiera dar las gracias ...	Les agradecemos ...
Hoy voy a presentarles ...	Si tienen alguna pregunta ...

A. ¿Cuáles crees que son los tres aspectos más importantes para que una presentación en público tenga éxito? Discútelo con tu compañero y anotad vuestras conclusiones.

PRESENTACIONES

1.

2.

3.

- saber despertar el interés

- duración adecuada (ni muy larga ni muy corta)

- transmitir conocimiento del tema expuesto

- no defraudar las expectativas del público

- terminar con unas conclusiones claras y concretas

- saber contestar a cualquier duda del público

B. Elige uno de estos productos: una lavadora, un teléfono móvil o un aceite de oliva y prepara una presentación para tu compañero teniendo en cuenta el guión propuesto.

1. Dar la bienvenida

2. Presentarse y presentar el tema

3. Describir el producto en términos generales

4. Descripción más detallada: características, ventajas con respecto a otros productos parecidos

5. Final: breve resumen

6. Turno de preguntas

C. Escucha la presentación de tu compañero y toma notas sobre cómo podría mejorarla.

REQUISITOS

Quiero un ... que tenga ...	Creo que esto es lo que estás buscando.
Necesito una ... que sea ...	Te recomiendo ...

A. Quieres comprar un discman. Piensa en cuatro características que quieres que tenga, escríbelas y luego coméntaselas a tu compañero.

Quiero un discman que...

B. Lee la siguiente información sobre estos modelos de agendas electrónicas y recomiéndale a tu compañero la que mejor se adapta a lo que quiere.

320,54 €

GARANTÍA: 12 MESES

AGENDA ELECTRÓNICA DAMI

Primer ordenador de bolsillo gracias a sus módulos de hardware y software.

- Procesador
- Memoria 8 MB
- 12 000 direcciones
- 10 años de citas (6 000 aprox.)
- Tamaño: 12x7,5x1,6 cm
- Peso: 160 gr.

- Batería de 2 meses
- Agenda de citas y direcciones
- Mail (Outlook Express)
- Gastos
- Calculadora avanzada
- Reloj múltiple

Agenda 192KB

51,66 €

Gran pantalla de 5 líneas.
Gestión de sus direcciones de e-mail y de Internet.
Función de bloc de notas.
Función exclusiva de "gestión de gastos".
Calculadora de 10 dígitos.
Función recordatorio de "temas pendientes".
Hora local e internacional.
Alarma despertador.
Calendario programado para 200 años.
Memoria de 192Kb.

GARANTÍA: 12 MESES

Organizador personal X300

160,25 €
GARANTÍA: 12 MESES

Pantalla táctil
Menú mediante iconos
Gráficos de sencillo manejo
Agenda con alarma
Calendario programado para 200 años
Hora local e internacional
Conversor medidas y monedas
Función traductora para 7 idiomas
Calculadora de 10 dígitos
Área protegida (contraseña)
Memoria de 128 Kb
Lápiz especial para escribir en la pantalla

REQUISITOS

| Quiero un ... que tenga ... | Creo que esto es lo que estás buscando. |
| Necesito una ... que sea ... | Te recomiendo ... |

A. Quieres comprar una agenda electrónica. Piensa en cuatro características que quieres que tenga, escríbelas y luego coméntaselas a tu compañero.

Quiero una agenda electrónica que...

B. Lee la siguiente información sobre estos modelos de discman y recomiéndale a tu compañero el que mejor se adapta a lo que quiere.

CD MA9039

103,76 euros

Dimensiones: 250x150x300mm•Sistema antichoque de 30 segundos•15 horas de autonomía•Jack auriculares: 3,5 mm•Potencia de salida de audio (watios musicales): 2 x 2,4.•Sistema de sonido Bass Booster •Potencia: 100 Watios•Lectura de MP3/CD/CD-R •CD programable para 20 títulos•Pilas recargables

GARANTÍA: 3 MESES

79.09 €

CD portátil SUMi

Sistema antichoque de 45 segundos
Pantalla de fácil lectura
Caja resistente al calor
Sistema de expulsión de disco POP-UP
Convertidor de 1 bit
Desconexión automática
Cierre de seguridad
Auricular con mando incluido
Peso: 212 g

GARANTÍA: 12 MESES

Ficus MP3

245,14 €

- Reproducción de MP3
- Sistema antichoque de 60 segundos
- Tamaño: 138x130x32 mm
- Lo último en portabilidad
- Máxima calidad de sonido
- Peso (sin baterías): 250 g
- Tiempo de autonomía: 20 horas

- Apagado automático
- Auriculares con mando
- Salida para altavoces
- Incluye altavoces
- Pilas recargables

GARANTÍA: 18 MESES

Acuerdos © Difusión, S.L.

FIESTAS Y CELEBRACIONES

¡Felicidades!	¡Por ...!
Gracias por ...	No tenías que ...
Sentimos mucho que ...	Disculpadme por ...

A. Tu compañero y tú trabajáis en la misma oficina. Hoy es su cumpleaños y te ha invitado a su casa. ¿Qué le dirás...

...cuando llegues a su casa?

...cuando le entregues el regalo?

...si se te hace tarde?

...antes de irte?

B. Ahora imagina que dejas la empresa donde trabajas y que tu compañero te ha organizado una fiesta de despedida. ¿Qué le dirás....

...cuando te invite?

...al hacer un brindis?

...cuando te dé una tarjeta y un regalo?

FIESTAS Y CELEBRACIONES

¡Felicidades!	¡Por ...!
Gracias por ...	No tenías que ...
Sentimos mucho que ...	Disculpadme por ...

A. Tu compañero y tú trabajáis en la misma oficina. Hoy es tu cumpleaños y le has invitado a su casa. ¿Qué le dirás...

...cuando llegue a tu casa?

...cuando te entregue el regalo?

...si se disculpa porque se le ha hecho tarde?

...cuando se vaya?

B. Ahora imagina que tu compañero deja la empresa y que tú le has organizado una fiesta de despedida. ¿Qué le dirás...

...al invitarlo?

...al hacer un brindis?

...al entregarle la tarjeta y el regalo de todos los compañeros?

REACCIONES

Es raro/extraño que ...	Me fastidia / Me da rabia /
Me da pena / Me molesta que ...	Me da igual que ...
Me pone de los nervios / histérico / de	¿Cómo es posible que ...?
mal humor que ...	A mí también/tampoco.
Me saca de quicio que ...	A mí sí/no.

A. Coméntale a tu compañero las siguientes cosas. Él tendrá que reaccionar.

Algo que no soportes
de la política

Algo que te dé miedo
de la vida moderna

Algo que te guste
de tu ciudad

Algo que te dé rabia
de la gente

Algo que te encante
de la televisión

B. Aquí tienes varios titulares de periódico. Léeselos a tu compañero para ver qué sentimientos le provocan. Tú también puedes dar tu opinión.

El calentamiento de la Tierra se acelera

Nuevo atentado terrorista con coche bomba de ETA

Los diputados de la Cámara Alta del Senado

Los deportistas africanos arrasan en los Juegos Olímpicos

Los países ricos destinarán el 2% de su PIB al desarrollo de los países no industrializados

C. ¿Qué noticias de esta semana te provocan reacciones parecidas? ¿Y a tu compañero?

Acuerdos © Difusión, S.L.

REACCIONES

Es raro/extraño que ...	Me fastidia / Me da rabia /
Me da pena / Me molesta que ...	Me da igual que ...
Me pone de los nervios / histérico / de	¿Cómo es posible que ...?
mal humor que ...	A mí también/tampoco.
Me saca de quicio que ...	A mí sí/no.

A. Coméntale a tu compañero las siguientes cosas. Él tendrá que reaccionar.

Algo que te moleste de la globalización económica

Algo que te fastidie de tu trabajo

Algo que odies de Internet

Algo que te dé pena de los medios de comunicación

Algo que te guste de tu país

B. Aquí tienes varios titulares de periódico. Léeselos a tu compañero para ver qué sentimientos le provocan. Tú también puedes dar tu opinión.

El Real Madrid se gasta 100 millones de euros para fichar al delantero brasileño Giovanni Sousa

Un 95% de las películas exhibidas en los cines de la ciudad son producciones de Hollywood

Más de 500 empresas de Internet han caído en bancarrota en las últimas 2 semanas

Descenso espectacular en las audiencias de televisión e incremento sin precedentes en la compra de libros

Rufus: el primer humano clonado

C. ¿Qué noticias de esta semana te provocan reacciones parecidas? ¿Y a tu compañero?

Acuerdos © Difusión, S.L.

60a

HIPÓTESIS

> ¿Qué harías si ganaras / cambiaras de ...?   Eres una persona ...
>
> Si ganara / cambiara de / me convirtiera en ...   Te recomiendo que ...

A. Trabajas en una asesoría profesional y tienes que entrevistar a tu compañero para determinar su perfil profesional. Vas a plantearle una serie de situaciones hipotéticas. Formúlale las preguntas y toma nota de sus respuestas.

CUESTIONARIO

¿Qué harías si...

1 ...(*ganar*) 50 millones de euros en la lotería?

2 ...(*tener*) que cambiar de profesión?

3 ...la relación con tu pareja (*ir*) mal?

4 ...(*tener*) mucho tiempo libre?

5 ...(*estar*) deprimido, pero (*tener*) que hacer la presentación de un proyecto?

6 ...(*ser*) presidente de una gran multinacional?

7 ...alguien (*colarse*) en la cola del supermercado?

8 ...(*quedarse*) sin trabajo y sin dinero?

B. Ahora interpreta la información que te ha dado, describe su perfil profesional y recomiéndale el trabajo que consideres que se adapta mejor a él.

SE PRECISA
Comercial de
una empresa
farmacéutica

URGENTE

**Vancante de Jefe de
Departamento de Recursos
Humanos en una cadena de
restaurantes**

**Tesorero de Club del
Fútbol de Primera
División**

Cáceres Fútbol Club, S.D.

Acuerdos © Difusión, S.L.

HIPÓTESIS

¿Qué harías si ganaras / cambiaras de ...?   Eres una persona ...

Si ganara / cambiara de / me convirtiera en ...   Te recomiendo que ...

A. Trabajas en una asesoría profesional y tienes que entrevistar a tu compañero para determinar su perfil profesional. Vas a plantearle una serie de situaciones hipotéticas. Formúlale las preguntas y toma nota de sus respuestas.

CUESTIONARIO

¿Qué harías si...

1 ...*(ganar)* 50 millones de euros en la lotería?

2 ...*(tener)* que cambiar de profesión?

3 ...la relación con tu pareja *(ir)* mal?

4 ...*(tener)* mucho tiempo libre?

5 ...*(estar)* deprimido, pero *(tener)* que hacer la presentación de un proyecto?

6 ...*(ser)* presidente de una gran multinacional?

7 ...alguien *(colarse)* en la cola del supermercado?

8 ...*(quedarse)* sin trabajo y sin dinero?

B. Ahora interpreta la información que te ha dado, describe su perfil profesional y recomiéndale el trabajo que consideres que se adapta mejor a él.

TodoNoticias
Busca
corresponsal
de guerra

SE PRECISA

Jefe de Departamento de I+D en
una importante empresa de
telecomunicaciones extranjera

URGE
Secretario de una
gestoría de fondos
de inversión

1

Funciones: Deletrear y practicar sonidos.

Exponentes: ¿Cómo se escribe ...? ¿Cómo se pronuncia? ¿Puedes repetir? Más despacio, por favor.

Vocabulario: Alfabeto. Marcas. Algunos productos.

Procedimiento: Antes de empezar, haga una puesta en común con el vocabulario sugerido por medio de las ilustraciones. Sus alumnos tienen que pensar el nombre de marcas de productos internacionales y escribirlas. Los dibujos pueden ayudarles a decidirse por un producto y escribir la marca más internacional que lo fabrica. Después, tienen que decírselas a su compañero como ellos crean que se dicen con la pronunciación española. Cada alumno tiene que escribir las marcas del otro correctamente. Si les resulta muy difícil pueden pedir al compañero que se la deletreen.

2

Funciones: Preguntar por el país de origen de una persona.

Exponentes: ¿De dónde es ...? Es mexicana/uruguaya/... ... es español, ¿no? No, es cubano/peruano/...

Vocabulario: Países y nacionalidades.

Procedimiento: Los alumnos leen el artículo por separado y completan el cuadro con las nacionalidades que cada uno encuentra en su cuadro. Luego, ambos llenan los vacíos de información preguntando al compañero las nacionalidades que les faltan.

3

Funciones: Dar y pedir información personal.

Exponentes: ¿Cómo se/te llama/s? ¿Dónde trabaja/s? ¿Cuál es su/tu dirección/teléfono/...? ¿A qué se/te dedica/s?

Vocabulario: Trabajos, cargos, números, direcciones.

Procedimiento: Los alumnos diseñan una tarjeta de visita para su compañero. Pueden elegir una de las tarjetas del muestrario o inventarse otra diferente. Para ello, deben preguntarse previamente la información personal que normalmente aparece en una tarjeta de visita.

4

Funciones: Preguntar direcciones, teléfonos, correos electrónicos, etc. Deletrear. Pedir aclaraciones.

Exponentes: Toma el teléfono de ... ¿Cómo se llama ...? La secretaria se llama ... ¿Puedes repetir? ¿Qué cargo tiene? ¿Cuál es su correo electrónico?

Vocabulario: Números del 0 al 100. Contenido de una agenda personal

Procedimiento: Cada alumno posee una lista de nombres, puestos, teléfonos y correos electrónicos y deben alternarse para dar la información y escribir la del compañero. Una vez completadas ambas listas, comprueban que hayan tomado los datos correctos.

5

Funciones: Pedir y dar información personal. Tratamiento de cortesía o tuteo.

Exponentes: ¿Cómo se/te llama/s? ¿Dónde vive/s? ¿A qué se/te dedica/s? ¿Cuántos años tiene/s? ¿Cuál es su/tu teléfono? ¿Su/Tu dirección electrónica?

Vocabulario: Datos personales.

Procedimiento: Cada alumno posee dos formularios en los cuales deberá escribir los datos de su compañero Para ésto deberá tomar el papel del empleado que llena estos formularios en las oficinas respectivas y decidir si corresponde el tratamiento formal o el informal. Luego, hace las preguntas de acuerdo a la decisión que haya tomado.

6

Funciones: Pedir y dar información acerca de una empresa.

Exponentes: ¿Qué tipo de empresa es? ¿Qué hace su empresa? ¿Dónde está su sede? ¿Cuántos empleados/sucursales/ oficinas tiene? ¿Cuál es su facturación?

Vocabulario: Componentes de una empresa. Números a partir del 100.

Procedimiento: Cada alumno tiene un texto sobre una empresa diferente, del que tienen que extraer la información necesaria para contestar a las preguntas del compañero. Después de la lectura silenciosa que haga cada uno, asegúrese de que no quedan dudas de vocabulario. A continuación, un alumno pregunta y el otro responde y viceversa. Por último, tienen que decidir si quieren enviar su currículum a la empresa sobre la que han preguntado.

7

Funciones: Presentar un plan de empresa. Decidir una inversión.

Exponentes: Mi empresa se llama ... Es una empresa de ... Vende/Fabrica/Ofrece/... La oficina central está en ... Tiene ... sucursales/oficinas en ... Nuestros clientes son/están ...

Vocabulario: Actividades empresariales. Tipos de empresa. Inversiones.

Procedimiento: Los dos alumnos tienen que decidir qué tipo de empresa quieren crear y utilizando las pautas de la ficha preparar una presentación ante el otro alumno como si este fuese un posible inversor. Después tienen que adoptar el papel del inversor y decidir la cantidad de dinero que quieren invertir, el tipo de empresa y el tamaño. Por último, después de escuchar la presentación al otro, tienen que decidir si quieren invertir en la empresa que les han presentado.

8

Funciones: Presentar a otras personas y reaccionar a las presentaciones.

Exponentes: Le/Te presento a ... Éste/a es ... / Éstos/as son ... Encantado/a. Mucho gusto.

Vocabulario: Puestos de trabajo. Saludos.

Procedimiento: Primero, el alumno A presenta al alumno B a sus compañeros de trabajo y éste reacciona a las presentaciones. Después, el alumno B presenta a sus compañeros y A reacciona. Sus alumnos decidirán, con su ayuda, si usan el estilo formal o informal en las presentaciones. Guíelos para que practiquen tanto relaciones formales como informales. Hágales ver que la elección del tratamiento está condicionada socialmente, pero es a la vez una elección personal.

9

Funciones: Describir el organigrama de una empresa.

Exponentes: ¿Quién es ...? ¿Quién lleva el Departamento ...? ¿Qué cargo tiene ... / ¿Qué hace ...? ... es el Jefe de Personal / lleva el ...

Vocabulario: Cargos y departamentos de una empresa.

Procedimiento: Los alumnos tienen que hacerse preguntas para completar el organigrama de la empresa. Aquí también se puede revisar el deletreo de palabras y la pregunta "¿Cómo se escribe?", pues algunos apellidos presentan dificultades tales como alternancia c/z, g/j.

10

Funciones: Preguntar por la ubicación de un departamento. Dar indicaciones básicas

Exponentes: ¿Sabe/s dónde está el/la ...? Al final del pasillo. A la derecha/izquierda. Está al lado / enfrente / cerca de ...

Vocabulario: Adverbios y locuciones adverbiales de lugar.

Procedimiento: El alumno A pregunta al alumno B dónde está uno de los lugares que tiene en su lista. El alumno B, después de mirar su planta, le indica el camino y el alumno A lo marca en el plano. A continuación, se cambian los papeles y repiten el procedimiento hasta que terminan.

11

Funciones: Informarse de cómo hacer gestiones en una ciudad desconocida.

Exponentes: Tengo que enviar unas postales, ¿dónde ...? Quería comprar ... Y, ¿cuál es el horario de los bancos? ¿Dónde puedo ...? ¿Para cambiar dinero? ¿Cuánto cuesta ...?

Vocabulario: Horarios. Establecimientos públicos. Precios.

Procedimiento: Cada estudiante va a viajar a ciudades diferentes, donde tendrán que hacer una serie de gestiones. Uno va a viajar a Tokio y el otro a Buenos Aires. Tienen que preguntarle al compañero la información necesaria para realizarlas. El compañero responde con la información del país que tiene en su ficha.

12

Funciones: Hacer comparaciones. Valorar y explicar.

Exponentes: Prefiero este piso porque ... Está cerca de ... Yo creo que es bastante / muy / un poco / demasiado ... Tiene más/menos luz que ... Cuesta el doble / el triple / la mitad / lo mismo. Éste/a es el/la mejor.

Vocabulario: La casa.

Procedimiento: Primero, cada alumno ha de decidir qué tipo de vivienda le gustaría alquilar y lo anota. Después, tienen que seleccionar uno de los anuncios de pisos que se alquilan de acuerdo a sus gustos. Cada uno tiene tres anuncios diferentes. Por último, comparan los pisos que han seleccionado y se quedan con el que más les interesa a ambos.

13

Funciones: Opinar sobre el lugar de trabajo

Exponentes: Está en ... Hay/Tiene mucha luz/espacio/... Está dividido en ... La decoración es ... Está bastante céntrico/lejos/... Hace mucho frío/calor. Creo que ... porque ... Necesito más ...

Vocabulario: La oficina.

Procedimiento: Los dos alumnos completan el test sobre su lugar de trabajo y, después, comentan y comparan sus respuestas. Si lo cree apropiado, haga preguntas para profundizar más en cada aspecto. Si los estudiantes no trabajan, pueden describir el lugar donde estudian o el lugar de trabajo de un amigo o familiar.

14

Funciones: Describir el trabajo.

Exponentes: La directora tiene que ... Pedro Dueñas se encarga de ... Luz Vicario escribe/envía/elabora ... ¿Quién inaugura/asigna/negocia ...?

Vocabulario: Verbos y expresiones de rutina laboral.

Procedimiento: Cada alumno divide las tareas determinadas del proyecto que tiene, tomando en cuenta las responsabilidades de los distintos puestos. Luego se intercambian la información y terminan de completar el cuadro. Finalmente, cada uno analiza cómo ha distribuido las tareas su compañero y comenta si está o no de acuerdo con él.

15

Funciones: Organizar la agenda de la semana teniendo en cuenta una serie de compromisos. Proponer alternativas.

Exponentes: ¿Qué tal el ...? / ¿Y si quedamos el ...? ¿Cuándo podemos vernos? ¿A qué hora es ...? / ¿Qué día tienes ...? Pues, primero podemos ... y luego ... Yo el ... no puedo porque tengo que ... La reunión puede ser ... Entonces quedamos por la mañana / por la tarde / a mediodía /...

Vocabulario: Adverbios y expresiones de tiempo. Compromisos. Citas.

Procedimiento: Antes de realizar la actividad, asegúrese de que sus alumnos conocen y manejan el verbo "quedar" (con alguien para hacer algo). Los dos alumnos forman parte del mismo equipo de trabajo. Cada uno tiene una serie de compromisos que tiene que colocar en su agenda indicando también la hora. Luego, ambos han de planear qué van a hacer con los clientes que llegan a visitarlos durante dos días. Para ello, tienen un cuadro con algunas actividades. Después, tienen que decidir cuándo van hacerlo según los compromisos marcados en sus agendas y lo anotan.

16

Funciones: Explicar en qué consiste el trabajo de cada uno.

Exponentes: Soy responsable de ... Tengo que ... Dirijo/Coordino/Superviso/Diseño ... Me ocupo / Estoy a cargo de ...

Vocabulario: Verbos del mundo laboral.

Procedimiento: Cada alumno elige una compañía, un departamento y un puesto. Luego, le explica a su compañero en qué consiste su trabajo y qué hace en un día normal. El compañero deberá adivinar cuál es su puesto y en qué departamento y empresa trabaja. A continuación, los roles se invierten.

17

Funciones: Establecer contacto telefónico y concertar una cita.

Exponentes: ¿Sí? / ¿Dígame? Buenos días, ¿el Sr. ..., por favor? ¿Puedo/Podría hablar con ...? / ¿Está ...? ¿De parte de quién? Tengo que hablar con usted de ... ¿Cuándo podemos vernos? ¿Qué tal el lunes / mañana / pasado mañana /...? De acuerdo.

Vocabulario: Días de la semana, partes del día, horas. Vocabulario telefónico.

Procedimiento: Los dos alumnos completan los cuadros con la información que necesitan para la llamada que van a realizar. Cuando estén listos, el alumno A hace la llamada y el alumno B responde. Seguidamente, los roles se intercambian. Al final se comparan los cuadros.

18

Funciones: Expresar gustos y opinión. Hablar de preferencias.

Exponentes: Necesitamos a una persona ... porque ... Me encanta ... A mí también/tampoco. Pues a mí no porque ... Prefiero a ... Yo también prefiero a una persona ... me gusta mucho ... porque ...

Vocabulario: Adjetivos del carácter. Formación profesional.

Procedimiento: Se pone a los alumnos en situación: trabajan en el Departamento de Recursos Humanos y necesitan contratar a un comercial para el Departamento de Ventas. Primero, tienen que decidir el perfil del candidato ideal. Después, cada uno tiene tres currículos y han de elegir a uno y defenderlo ante su compañero. El objetivo es que uno convenza al otro y que se elija a un único candidato.

19

Funciones: Expresar opinión. Hacer preguntas.

Exponentes: ¿Qué horario tienes? ¿Cuánto te pagan? ¿Cuántos días de vacaciones tienes? ¿Te gusta ...? Me gusta bastante/mucho/... No, no me gusta nada. Prefiero ...

Vocabulario: Condiciones laborales.

Procedimiento: Después de presentar el vocabulario, cada alumno pregunta al otro sobre los items dados. Procure que sus alumnos no se limiten a hacer una pregunta por cada punto. Anímelos a que indaguen más profundamente. Por ejemplo, del primer punto se puede preguntar: ¿qué horario de trabajo haces?, ¿te gusta?, ¿cuál sería tu horario ideal?, ¿te gusta trabajar en una oficina o prefieres en casa?, etc. Si los estudiantes no trabajan, se les puede pedir que piensen en algún trabajo anterior que hayan realizado o sobre sus condiciones de trabajo ideal.

20

Funciones: Invitar. Aceptar o rechazar una invitación.

Exponentes: ¿Le/Te apetece ...? ¿Por qué no ...? / ¿Y si ...? ¿Quiere/s ir a ...? ¿Cenamos/Comemos/... juntos? Estupendo / Vale / De acuerdo. Lo siento, no puedo, es que ...

Vocabulario: Actividades del tiempo libre.

Procedimiento: Antes de empezar realice una breve puesta en común sobre las actividades que suelen hacer en su tiempo libre. A continuación, cada alumno tiene que elegir una de las actividades propuestas y escribir un correo electrónico a su compañero invitándole. Los alumnos intercambian los mensajes y responden a las invitaciones. Si deciden no aceptarla, deben dar una excusa y/o proponer una alternativa.

21

Funciones: Expresar intenciones, planes, ideas. Hacer propuestas. Mostrar acuerdo y desacuerdo.

Exponentes: Puede ser un teléfono ... El público va a ser ... Pensamos distribuirlo ... (No) Estoy de acuerdo con ... (No) Me parece bien... (No) Me gusta porque ... No, no es posible porque ... Lo mejor / Lo más importante es ...

Vocabulario: Publicitario.

Procedimiento: Asegúrese de que los alumnos conocen el vocabulario. Seguidamente, póngalos en situación: trabajan para una compañía de telefonía móvil. Primero han de diseñar un nuevo producto siguiendo el esquema propuesto en el ejercicio. Después, van a decidir la campaña de marketing. Para ello, cada uno va a tener tres puntos diferentes de la campaña. Piensan sobre sus puntos y después se intercambian la información. Por último, deciden la campaña final y hacen una presentación sobre el producto y el marketing al profesor.

22

Funciones: Describir y comparar productos. Hacer propuestas.

Exponentes: Este modelo gasta/consume/cuesta más / menos / lo mismo (que ...). Tiene el mismo ... que ... Es más / menos / igual de ... que ... Es mejor/peor/igual que ... Vamos a desarrollar ... Tiene que ser un coche ... porque ... Puede tener ...

Vocabulario: Relativo al automóvil.

Procedimiento: El alumno A le describe a B los coches con sus características y B le describe a A el perfil de los consumidores típicos. Luego, ambos tratan juntos de establecer las correspondencias entre los productos y los consumidores. Por último, diseñarán un coche que responda a las necesidades del consumidor de la ficha.

23

Funciones: Describir la evolución en la bolsa de dos empresas.

Exponentes: El valor de las acciones ha subido en ... En ... las acciones han caído en picado. A partir de marzo/abril/mayo ... En el primer trimestre ... Es mejor invertir en ... porque ...

Vocabulario: Verbos de movimiento. Adverbios de modo.

Procedimiento: El alumno A contesta a las preguntas del alumno B sobre el gráfico que tiene en su ficha. Después, A formula a B las mismas preguntas y toma notas. Finalmente, ambos tienen que decidir en cuál de las dos empresa es más conveniente invertir.

24

Funciones: Comprobar si ya se han hecho o no algunas gestiones.

Exponentes: ¿Ya ha enviado ...? No, todavía no ... / Sí, ya ... ¿Por qué todavía no ...? Porque ... / Es que ...

Vocabulario: Gestiones propias de un subordinado.

Procedimiento: El primer alumno comienza preguntando a su compañero si ya ha realizado la gestiones que tenía encomendadas. Éste contesta según la información que tiene en su ficha y según la que puede deducir por medio de las ilustraciones. A continuación, se intercambian los papeles.

25

Funciones: Pedir objetos y favores. Responder afirmativa y/o negativamente. Excusarse.

Exponentes: ¿Me dejas ...? / ¿Me das/pasas/...? ¿Tienes ...? ¿Puedes dejarme/pasarme/darme ...? Otra cosa, ¿podrías ...? Lo siento es que ... No, disculpa, es que ... Sí, toma ... Por supuesto.

Vocabulario: Objetos de oficina.

Procedimiento: El alumno A pide los objetos que necesita o solicita los favores correspondientes. El alumno B reacciona, afirmativa o negativamente. En este último caso el alumno B debe encontrar una disculpa adecuada. Luego, los papeles se invierten.

26

Funciones: Expresar condiciones. Proponer soluciones a diferentes problemas.

Exponentes: He pensado reservar/organizar ... Voy a a enviar/buscar ... Si el vuelo se retrasa, llamaremos ... Y si no hay ..., podemos ... Sí, sí, buena idea / Vale, me parece bien. No sé si es una buena idea.

Vocabulario: Aeropuerto. Alojamiento. Ocio.

Procedimiento: Los alumnos trabajan para una empresa que organiza ferias y conferencias. Un cliente muy importante les ha pedido que le organicen una serie de cosas. Cada alumno tiene una lista con sus cometidos. El alumno A le cuenta al otro lo que ha pensado organizar. El alumno B lo anota y tiene que pensar en los posibles problemas o contratiempos que puedan surgir. Entre los dos han de buscar soluciones. Después, el alumno B realiza el mismo proceso con su información.

27

Funciones: Transmitir palabras de otros. Reaccionar ante noticias del periódico.

Exponentes: ¿Sabes/Sabías que ...? / He leído que ... ... ha dicho / dice que / pregunta si ... (Pues) Me parece bien porque ... Yo creo que no tiene razón porque ...

Vocabulario: Secciones de un periódico.

Procedimiento: Para hacer esta actividad se necesita un periódico reciente, mejor si es del mismo día. Cada alumno selecciona tres noticias siguiendo el cuadro propuesto. Después, escriben las declaraciones más importantes de esas noticias y quién las ha hecho. A continuación, simulan estar en una comida de negocios con su compañero y comentan las noticias que han seleccionado. Por último, deben dar su opinión sobre el tema.

28

Funciones: Dar información sobre la historia de una empresa.

Exponentes: ¿En qué año / Cuándo se constituyó ...? ¿Quién/es fue/fueron su/s ...? ¿Qué pasó en el año ...? ¿Dónde estuvo/estuvieron ...?

Vocabulario: Historia de una empresa. Productos lácteos.

Procedimiento: Cada alumno tiene el mismo texto sobre la historia de Lácteos S. A. pero con vacíos de información diferentes. Haga que primero realicen una lectura silenciosa del texto y después dígales que se pregunten uno al otro la información que les falta. Cuando hayan acabado, pueden poner los textos en común para comprobar si han tomado nota correctamente.

29

Funciones: Redactar y explicar el currículum vitae.

Exponentes: Nací el ... de ... en ... Estudié ... de ... a ... / Trabajé en ... hasta ... Al año siguiente / Un año después ... Hace un año / un mes / una semana ... En ... me trasladé / volví a ... Puedes trabajar como/de ...

Vocabulario: Currículum.

Procedimiento: Los dos alumnos elaboran su currículum vitae. Después, uno de ellos se lo explica al compañero. El compañero tiene que pensar qué posibles trabajos serían adecuados para él. Luego, los papeles se invierten.

30

Funciones: Hablar de hechos y experiencias pasadas. Preguntar acerca de la carrera profesional de una persona.

Exponentes: ¿Cuándo empezó/terminó sus estudios? ¿Dónde estudió? ¿Cuándo empezó a trabajar? Empezó a trabajar en 1998. Al año siguiente ... En 2000 se convirtió en ...

Vocabulario: Relativo a la formación y a la experiencia laboral.

Procedimiento: Cada alumno tiene un breve currículum de dos personas. Dígales que tienen que explicárselo a su compañero relacionando las fechas con los marcadores temporales destacados en los exponentes. El compañero también puede hacer preguntas concretas si no ha entendido bien los datos.
Por último, comparan las notas que han tomado para comprobar que no hay errores.

31

Funciones: Hablar sobre las características ideales de una persona. Hablar sobre relaciones personales.

Exponentes: Para mí, el jefe ideal es una persona ... Yo creo que el jefe ideal tiene que ser/comportarse/transmitir ... ¿Te gusta ...? ¿Qué haces cuando ...? ¿Cómo te llevas con ...?

Vocabulario: Adjetivos del carácter. Relativo a relaciones personales.

Procedimiento: El alumno A describe lo que él considera un jefe ideal mientras que B hace lo propio con el empleado ideal. A continuación hacen las preguntas para el test que deberá reflejar dicha descripción. Por último ambos le hacen el test al compañero, el cual no sabrá qué es lo que se está evaluando. Finalmente, analizan los resultados de manera oral. Si la actividad se realiza en un grupo, cuando finalicen todas las parejas, pueden comparar las definiciones que cada uno ha dado de jefe y de empleado ideal para ver si éstas coinciden.

32

Funciones: Expresar y precisar una opinión..

Exponentes: La estrategia ... es / consiste en ... Pienso que ... / A mí me parece que ... Según ... / En mi opinión ... Para mí ... es indispensable. Pues yo (no) estoy de acuerdo ... Yo también/tampoco. Lo que pasa / El problema es que ... La mejor/peor es ...

Vocabulario: Relativo a negocios.

Procedimiento: Para hacer este ejercicio es muy importante que los estudiantes entiendan el vocabulario de los textos. Para ello, se les puede dejar que usen el diccionario. Los alumnos trabajan para una empresa de asesoramiento. Un cliente quiere que le diseñen una estrategia de gestión de personal para mejorar la competitividad de la compañía. Cada estudiante tiene dos estrategias diferentes. Primero, tienen que leer los textos y explicar con sus propias palabras en qué consisten las estrategias. Después, han de crear una entre los dos que se adapte al cliente. La información en los textos es real y está sacada de la revista *Emprendedores*.

33

Funciones: Dar consejos y recomendaciones. Hablar sobre problemas laborales.

Exponentes: Yo hablaría con ... Yo, en tu lugar, dejaría ... Yo (no) haría ... Yo que tú cambiaría de ...

Vocabulario: Relativo a problemas laborales y a consejos.

Procedimiento: Ambos alumnos trabajan en un consultorio laboral de un periódico. Uno tiene que escribir el consejo y el otro el problema. Después, tienen que pensar en su auténtico trabajo o en sus estudios y plantearle a su compañero algún problema que tengan. Finalmente se intercambian los papeles y contestan con un consejo.

34

Funciones: Expresar gustos y preferencias.

Exponentes: En una gran ciudad / En el campo hay ... Odio / No soporto ... Lo que más me divierte / molesta ... (No) Me gusta / aburre / pone nervioso / apasiona / interesa ... Yo prefiero el turismo ... porque ...

Vocabulario: Relativo al turismo.

Procedimiento: El alumno A completa los pros y los contras del turismo rural. El alumno B, por su parte, analiza las ventajas y desventajas de hacer turismo en la gran ciudad. Ambos exponen lo que han analizado y cada uno elige y justifica adónde le gustaría ir de vacaciones.

35

Funciones: Hablar de viajes pasados. Recomendar.

Exponentes: ¿Cuál es el lugar más ... que has visitado? ¿Has estado alguna vez en ...? ¿Qué es lo que más te gustó? ¿Dónde te alojaste? El lugar más ... que he visitado es ... Yo te recomendaría ir a ... porque ...

Vocabulario: Relativo a los viajes.

Procedimiento: Los estudiantes tienen un cuadro como ayuda para preguntarse sobre viajes pasados y tratar de ver qué gustos o preferencias tiene cada uno a la hora de viajar. Después de completar el cuadro, cada estudiante tiene tres opciones diferentes de viajes y ha de recomendarle uno al compañero.

36 Funciones: Describir acciones habituales en el pasado.

Exponentes: Antes (la mayoría de) la gente / todo el mundo ... A principios del siglo XX ... Hace muchos años ... La gente ha dejado de ... / ya no ... Antes se solía ...

Vocabulario: Inventos.

Procedimiento: Cada alumno elige cinco objetos y escribe una frase que refleje cómo estos inventos han cambiado la vida de la gente. Luego se las lee a su compañero, quien tendrá que adivinar de qué invento se trata.

---

37 Funciones: Comparar productos de antes y de ahora.

Exponentes: Antes eran más lentos. Ahora son más rápidos. Antes tenían menos capacidad. Ahora tienen más prestaciones.

Vocabulario: Relativo a los ordenadores y a los coches.

Procedimiento: Primero cada alumno tiene que escribir cinco características de la nueva generación del producto que hay en su ficha y compararlo con el de la generación anterior. Después, cada uno debe explicarle a su compañero, como si este fuese un cliente, por qué el producto de ahora es mejor que el de antes. Por último, el alumno que hace de cliente debe tomar notas de lo que el otro dice para después poder explicar que inconvenientes cree que los nuevos productos tienen en comparación con los de la generación anterior.

---

38 Funciones: Hablar de la evolución de una empresa.

Exponentes: Cuando murió el propietario ... Al poco tiempo ... En 2000 ... Unos años después ...

Vocabulario: Relativo a la expansión de una empresa. Adverbios y locuciones adverviales temporales.

Procedimiento: La actividad consiste en reconstruir la historia de la empresa Aceites Cano. Para ello, los estudiantes cuentan con ayudas visuales. Los dos tienen el principio y después cada uno tiene una parte. Primero han de escribir la parte que no tienen y después se han de intercambiar la información que les falta para ver si se ajusta a lo que ellos han pensado. Al final tienen que terminar la historia juntos. La historia completa es la siguiente:

"La empresa Aceites Cano nació hace 20 años en el corazón de Andalucía. Empezó como una pequeña empresa familiar con sólo 8 trabajadores. El propietario José María Cano y dos de sus hijos compraban las aceitunas a los agricultores de la zona y empezaban después el proceso de extracción del aceite en una pequeña fábrica construida cerca de la finca familiar. Cuando el dueño murió repentinamente, sus herederos se hicieron cargo de la empresa. Durante varios años invirtieron todas las ganancias en modernizar y expandir el negocio familiar. Abrieron tres nuevas fábricas y se especializaron en la venta de aceite extra virgen, el de mejor calidad. La dieta mediterránea se ponía de moda y los hermanos Cano aprovecharon para dar el salto fuera de España. Primero fue Europa, donde vendían su aceite a los mejores restaurantes, y al poco tiempo ya se instalaron en Estados Unidos. La empresa creció y se expandió rápidamente en esos años. Era el momento de renovar su imagen con un cambio de logo y de envase. La imagen austera que ofrecían dio paso a una moderna, joven y dinámica. Un año después, los hermanos Cano conseguían uno de sus sueños: cotizar en Bolsa.".

---

39 Funciones: Hablar de diferencias culturales.

Exponentes: En ... se habla/n un/dos/... idioma/s. La mayoría de la gente es de raza blanca/negra/... En ... (casi) todo el mundo /mucha gente ... Muchos / Algunos / Casi nadie ... En ... mientras que en ...

Vocabulario: Relativo a la cultura de un país.

Procedimiento: Primero cada alumno elige un país que conozca bien (puede ser el suyo u otro). Después escriben de forma esquemática la información sobre los temas que vienen en la ficha. Por último intercambia y compara su información con la de su compañero. Es recomendable que usted fomule preguntas para profundizar más en cada aspecto.

40

Funciones: Hablar de la salud. Dar instrucciones.

Exponentes: ¿Qué te duele? / ¿Qué te pasa? Me duele la espalda. Tengo los ojos irritados. Haz estiramientos. Pon el monitor más alto. Acerca la silla a la mesa.

Vocabulario: Partes del cuerpo. Componentes de un ordenador.

Procedimiento: Cada alumno completa el cuestionario relativo a cómo le afecta trabajar con ordenadores y analiza, en el caso del alumno A, qué cambios tiene que hacer en su escritorio, y en el caso de B, qué ejercicios le conviene hacer. Luego, cada uno le cuenta a su compañero qué molestias sufre y el compañero le recomienda qué es lo que debe hacer.

41

Funciones: Hablar de acontecimientos futuros.

Exponentes: Cuando consiga dinero, abriré una tienda. Cuando tenga beneficios, abriré dos más. Y cuando vea que la competencia aumenta, lo venderé todo.

Vocabulario: Transacciones comerciales.

Procedimiento: Los alumnos leen el texto y cada uno completa las frases que le faltan. Luego, comprueban con el compañero que las frases que han agregado son las correctas, haciendo hincapié en el contenido no en las palabras exactas. A continuación, toda la clase analiza el cuento y comenta el significado de la frase "Contar el cuento de la lechera". Finalmente, en parejas, cada alumno planifica cómo desarrollar un negocio y el compañero debe analizar si se trata o no de un proyecto realista.

42

Funciones: Hacer pronósticos.

Exponentes: Yo creo que los bancos tendrán ... Las tabacaleras no serán ... porque ... Pues yo no estoy de acuerdo, porque habrá ...

Vocabulario: Relativo a diferentes sectores de la economía.

Procedimiento: Cada alumno debe hacer previsiones sobre los cuatro temas económicos que aparecen en su hoja. Después, tiene que comentarlos con su compañero para saber si él está de acuerdo con sus previsiones o no.

43

Funciones: Contar historias o anécdotas. Valorar el pasado.

Exponentes: Estaba esperando a ... cuando ... Empezó a sonar la alarma y ... Se habían equivocado ... Alguien había ...

Vocabulario: Relativo a anécdotas.

Procedimiento: Cada estudiante tiene dos anécdotas divididas en tres partes: acontecimientos (uso del Indefinido), situación (uso del Imperfecto) y acontecimientos anteriores (uso del Pluscuamperfecto). Con la ayuda de las ilustraciones y con la información que tiene su compañero tiene que completar ambas historias.

44

Funciones: Escribir un boletín de noticias de una empresa.

Exponentes: Este mes hemos asistido a ... El día 9 acabó la Feria. Fue ... Del 11 al 14 se celebró ... Por una parte ... Y por otra ... Así pues ... / Así que ... Por último, cabe señalar que ...

Vocabulario: Relativo al Departamento de Comunicación de una empresa

Procedimiento: Los estudiantes trabajan en el Departamento de Comunicación de una multinacional. Cada uno de ellos tiene al lado de su despacho un tablón con pequeñas notas sobre acontecimientos que han pasado en la compañía últimamente. Primero han de mirar el tablon y explicar al compañero qué ha pasado en la empresa durante este mes. Después, con la información que tiene y con la que le ha dado su compañero escriben el Boletín Mensual de la empresa.

45 Funciones: Preparar una entrevista laboral.

Exponentes: ¿Cuándo terminó sus estudios? ¿Cuándo empezó a trabajar en ...? ¿Había trabajado ya antes en ...? Hace cuatro años empecé a trabajar en ... Desde ... hasta ..., estuve en ... Además, hablo inglés/francés/ruso/...

Vocabulario: Vocabulario general relacionado con el mundo laboral.

Procedimiento: El alumno A tiene que leer el anuncio y preparar un currículum breve que se adapte a las condiciones que exige el puesto. El alumno B trabaja en el Departamento de Recursos Humanos de la empresa que ofrece el trabajo y tiene que preparar las preguntas necesarias para encontrar a la persona adecuada para el puesto. El alumno A contesta según el currículum que ha escrito previamente. El alumno B toma nota de las respuestas y decide si contratarlo o no.

46 Funciones: Expresar deseos e intenciones. Disponer elementos en el espacio.

Exponentes: En la parte superior está/hay... En el centro / Arriba / Abajo / Al lado ... Encima/Debajo ... A la izquierda/derecha ... En el margen izquierdo/derecho ... Queremos que la página tenga ...

Vocabulario: Relativo a páginas web.

Procedimiento: El alumno A y el alumno B describen la página que han recibido y tratan de encontrar las diferencias. A continuación, ambos analizan las dos páginas y deciden cuál preferirían si fueran los dueños del negocio. A su vez, piensan cómo podría mejorarse la página, ya sea añadiendo elementos de la otra página o sugiriendo ideas nuevas. Finalmente, redactan juntos el correo electrónico proponiendo los cambios al webmaster.

47 Funciones: Hablar del inicio de una actividad. Hablar del tiempo transcurrido hasta el presente.

Exponentes: Desde hace un mes / un año ... Hace un año / mucho tiempo que ... Uso Internet desde que ... Te recomiendo/sugiero que ...

Vocabulario: Relativo a la Internet..

Procedimiento: Los alumnos tienen que hacer el cuestionario sobre Internet al compañero. A continuación, tienen que seleccionar el proveedor de Internet que más se adapte a sus necesidades. Una vez acabada la actividad, puede hacerle preguntas sobre cómo se consigue en su país el servicio de Internet, si es más caro o más barato que en España...

48 Funciones: Expresar preferencia y necesidad. Pedir y sugerir.

Exponentes: Prefiero que ... Necesitamos que ... Les rogamos que ... Es fundamental que ...

Vocabulario: Relativo a restaurantes.

Procedimiento: Cada alumno lee los anuncios que tienen por separado. Después, explican al compañero cómo es el sitio que ha encontrado y los comparan. Entre los dos deben decidir qué local les gusta más y especificar cuáles son sus preferencias y necesidades, teniendo en cuenta el tipo de empresa para la que trabajan, el presupuesto que tienen, etc. Por último, tienen que escribir un correo electrónico al restaurante que hayan elegido explicando sus necesidades y preferencias y pidiendo los cambios que necesiten.

49 Funciones: Expresar opiniones y conveniencia.

Exponentes: Es imprescindible que un empresario ... Yo creo que tengo que mejorar ... La cualidad que me falta es ... Tendría que hacer un curso que ...

Vocabulario: Cualidades.

Procedimiento: Ambos alumnos ordenan las cualidades del buen empresario de acuerdo a sus propias preferencias. A continuación, cada uno le describe su cuadro al compañero y tratan de llegar a un único resultado. En base a esta última escala de valores, ambos eligen a qué curso necesitan ir para mejorar sus aptitudes como hipotéticos empresarios.

50 **Funciones:** Escribir cartas para solicitar información y para hacer un pedido.

Exponentes: Estimado/a ... / Muy señores míos: Les rogamos que ... les agradecería que ... En cuanto a ... Les garantizo que ... Asimismo, ...

Vocabulario: Correspondecia comercial.

Procedimiento: Cada alumno tiene que escribir una carta diferente. El alumno A tiene que reclamar un pago. El alumno B tiene que disculparse por la demora en el pago y justificar las causas. A continuación, indíqueles que deben reunirse para llegar a una solución válida para ambos.

---

51 **Funciones:** Negociar.

Exponentes: Propongo que ... Tenga en cuenta que ... ¿Y si ...? Le garantizo que ...

Vocabulario: Relativo a los cursos de idiomas.

Procedimiento: El alumno A trabaja en una escuela de idiomas y el B en el Departamento de Formación de una empresa. Cada uno tiene que leer las condiciones dentro de las que pueden negociar y después intentar llegar a un acuerdo y conseguir las mejores condiciones para sus respectivas empresas. Por último, ambos alumnos escriben una carta para formalizar lo acordado.

---

52 **Funciones:** Expresar hipótesis sobre el pasado y sobre el futuro.

Exponentes: Habrá sido ... A lo mejor el eslogan... Es posible que ... Tal vez / Quizás los consumidores ... Seguro que ... Yo creo que hay que cambiar el eslogan.

Vocabulario: Publicidad.

Procedimiento: Cada alumno analiza el anuncio que le ha tocado y elabora hipótesis acerca de por qué está fracasando la campaña. Luego, comparan las hipótesis y, basándose en ellas, intentan elaborar un anuncio mejor. Por último, ambos predicen qué reacciones puede generar el nuevo anuncio.

---

53 **Funciones:** Opinar. Mostrar acuerdo, desacuerdo y duda ante opiniones ajenas.

Exponentes: En mi opinión, este anuncio ... (No) Me parece / (No) Considero / Opino que ... Estoy de acuerdo / Desde luego /Por supuesto. Puede ser / Depende, ... / Yo no diría ...

Vocabulario: Publicidad.

Procedimiento: Cada alumno tiene cuatro anuncios diferentes sobre los que tienen que opinar y decidir si alguno debería estar prohibido. Después, leen el texto sobre la situación actual de la legislación europea sobre el tabaco. El texto dará pie a un debate. Cada uno tiene que manifestar su opinión sobre el texto. A partir de aquí, el profesor puede hacer más preguntas del tipo: ¿Creéis que la publicidad sobre tabaco debería prohibirse? ¿Por qué existe tanta controversia con los patrocionios del tabaco por ejemplo en el motociclismo?

---

54 **Funciones:** Transmitir palabras de otros.

Exponentes: Me dijo que ... Le respondí/dije que ... Me preguntó qué/si/cómo ...

Vocabulario: Relativo al mundo discográfico.

Procedimiento: Ambos alumnos trabajan en una casa discográfica diferente y han recibido la visita de un manager. Primero tienen que completar la conversación que han tenido con él y, después, comentarla con el compañero. Así descubrirán que el manager no les ha dicho lo mismo.

55

Funciones:	Definir palabras. Deducir el significado de una palabra por su contexto.
Exponentes:	¿Qué quiere decir ...? Pues asegurador es ... Me han escrito que ... Pues resulta que la póliza ...
Vocabulario:	Seguros.
Procedimiento:	Los alumnos leen las definiciones y las relacionan con la palabras del centro. Luego, leen la carta que han recibido y le preguntan al compañero las palabras, que no entiendan.

56

Funciones:	Hacer una presentación.
Exponentes:	Buenas tardes y bienvenidos. Quisiera dar las gracias .... Hoy voy a presentarles ... Para terminar ... Les agradeceremos ... Si tienen alguna pregunta ...
Vocabulario:	Productos y empresas.
Procedimiento:	Los alumnos piensan en los aspectos más importantes para que una presentación tenga éxito y los ponen en común. Después, cada alumno elige un producto y prepara una presentación de acuerdo al guión propuesto. Mientras uno hace la presentación, el otro tomará notas y decidirá qué podría hacer para mejorarla. Luego, se intercambian los papeles.

57

Funciones:	Describir algo que existe y algo hipotético.
Exponentes:	Quiero un ... que tenga ... Necesito una ... que sea ... Creo que esto es lo que estás buscando. Te recomiendo ...
Vocabulario:	Relativo a las agendas electrónicas y a los discman.
Procedimiento:	Cada alumno piensa las características del producto que está buscando y después se las dice a su compañero. Éste tiene que tomar notas y, después, leer la información que tiene sobre el producto para recomendarle el modelo que más se ajusta a lo que él está buscando.

58

Funciones:	Felicitar, brindar, agradecer, disculparse y expresar tristeza.
Exponentes:	¡Felicidades! Gracias por ... Sentimos mucho que ... ¡Por ...! No tenías que ... Disculpadme por ...
Vocabulario:	Relativo a fiestas y celebraciones.
Procedimiento:	Los alumnos leen la primera situación y planean qué es lo que dirán. Luego representan los papeles. Con su ayuda, pueden analizar qué tal lo han hecho y en qué pueden mejorar. A continuación, se hace lo mismo con la segunda situación.

59

Funciones:	Expresar sentimientos.
Exponentes:	Es raro/extraño que... Me da pena / molesta que ... Me pone de ls nervios / histérico /de mal humor que ... Me saca de quicio que ... Me fastidia / Me da rabia que / Me da igual que ... ¿Cómo es posible que ...? A mí también/tampoco. A mí sí/no.
Vocabulario:	Relativo a noticias de prensa.
Procedimiento:	La primera parte de la actividad sirve como precalentamiento. Los alumnos tiene que preguntarse sobre los temas que tienen en las burbujas y decir el porqué. Después, cada uno tiene varios titulares de noticias. El alumno A se los lee al compañero y éste tiene que expresar los sentimientos que le provocan esas noticias y decir por qué. Después, el alumno B repite el procedimiento con sus titulares.

60

Funciones: Hablar de una situación hipotética.

Exponentes: ¿Qué harías si ganara / cambiaras de ...? Si ganara / cambiara de / me convirtiera en ... Eres una persona ... Te recomiendo que ...

Vocabulario: Puestos de trabajo.

Procedimiento: Cada alumno tiene que completar las preguntas (conjugar los verbos) que aparecen en el cuestionario. Después, tienen que hacerse mutuamente las preguntas. Por último, cada uno por separado debe pensar cuál es el perfil de su compañero y recomendarle el trabajo que mejor se adapte a él.